2030−2040年 日本の土地と住宅

序章

入手困難化する住宅

都市部ではタワーマンション建設ラッシュ、郊外では新規の住宅地開発、そして空き家の増加……と、都市の中に私たちが住まう余地は明らかに増えています。にもかかわらず、今、なぜ、住宅は高騰し、入手困難になっているのでしょうか。

本書は、不動産価格が高騰する現状を直視するとともに、その根底にある高コスト化という構造的な問題が今後の私たちの土地・住宅、ひいては街の未来にどのような影響を及ぼすのかを「都市政策」の観点から論じていきたいと思います。

まず、住宅が入手困難化している実態を少し紹介しましょう。

不動産経済研究所[1]によると、2023年に新規供給された首都圏の億ションは417

4戸と、バブル期の1990年の3079戸を大幅に超えました。特に、東京23区の2023年の新築マンションの平均価格は1億1483万円にまでなりました。

例えば、超高額物件として有名になった港区の三田ガーデンヒルズでは、2023年2月の販売開始時、2億3100万〜45億円[2]で売り出されました。ここは、昭和初期に建てられた旧逓信《ていしん》省簡易保険局庁舎の広大な跡地（約2・5万㎡）の14階建て1002戸（一般販売対象は952戸）の分譲マンション（2025年3月竣工予定）です。最多販売価格は3億8000万円台（31戸）で、平均の坪単価は1300万円程度、仕様がさらに豪華なパークマンション棟の坪単価は1700万円程度とも言われています[3]。

そして、三井不動産レジデンシャルのウェブサイトを見ると、すでに939戸の販売が終了したとされています。

こんなにもたくさん超高額物件を買える人がいることに驚愕したのは私だけでしょうか……。

首都圏以外でも、大阪市で25億円超、札幌市で5億円超、岡山市で3億円超、旭川で2億円の新築マンションが販売されるなど、全国各地で続々と億ションの供給が予定さ

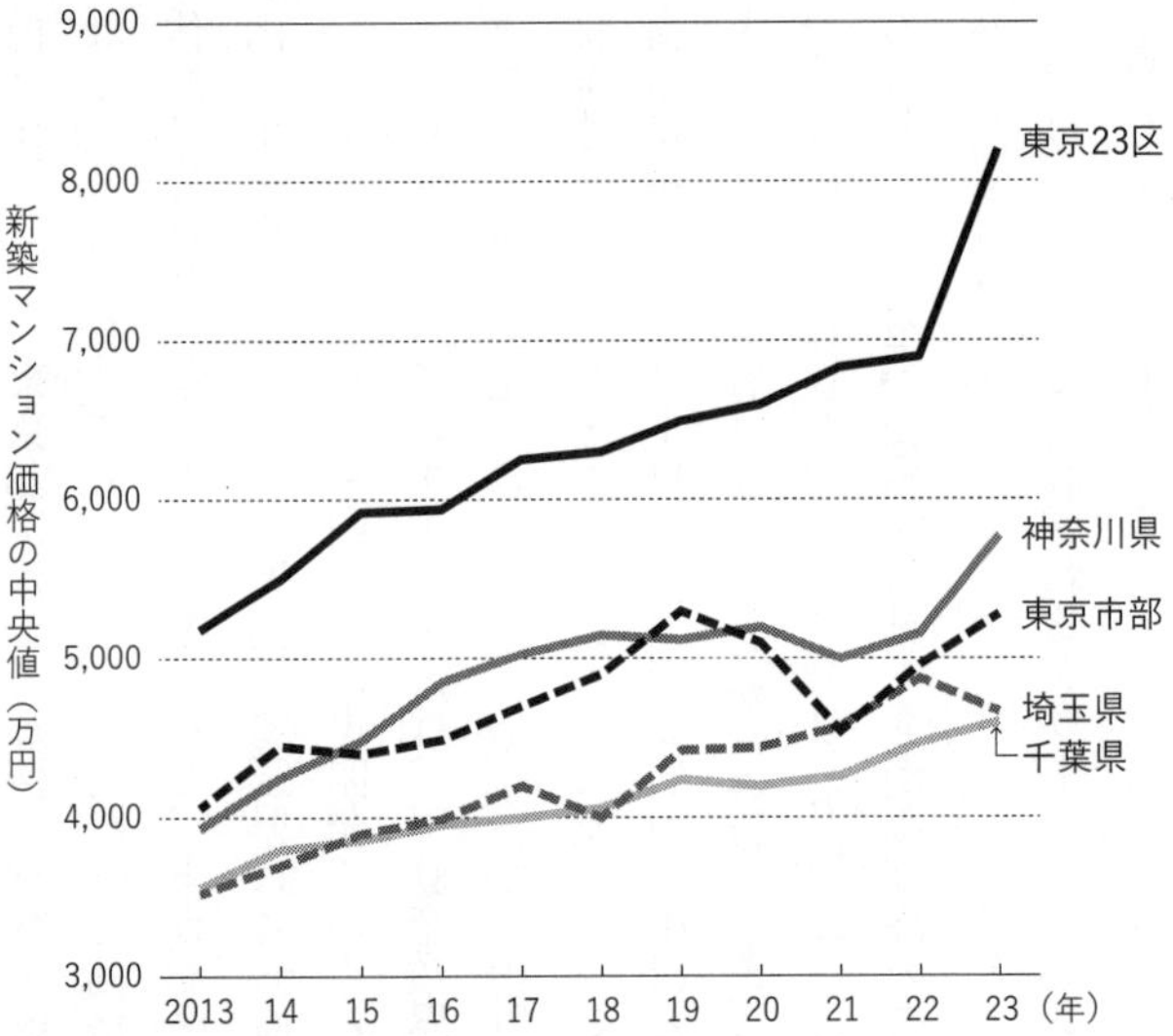

図表0-1　1都3県の新築マンション価格の中央値の推移

データ出典：不動産経済研究所「首都圏マンション　戸当たり価格と専有面積の平均値と中央値の推移」（2024年4月2日）をもとに作成

れています。

ただし、東京では、販売価格が20億円前後、最上階は２００億円超えと言われる麻布台ヒルズのアマンレジデンス東京や前述の三田ガーデンヒルズのような超高額物件が全体の平均価格を押し上げているとも考えられます。そこで、不動産経済研究所によるデータをもとに、首都圏新築マンションの戸当たり価格の中央値の推移を見てみました（図表０-１）。

その結果、新築マンション価格の２０２３年の中央値を10年

前と比べると、東京23区は１・６倍、神奈川県は１・５倍、東京市部・埼玉県・千葉県は１・３倍となっており、東京23区だけで価格が上昇しているわけではないのです。具体的に２０２３年の中央値を見ると、東京23区は８２００万円、神奈川県は５７７２万円、東京市部は５２７９万円、埼玉県は４６６０万円、千葉県は４５９８万円でした。

　また、近年、東京都内の駅前再開発でつくられるタワーマンションでは、億ションが当たり前になっています。例えば、不動産業界で驚きの声があがっているのは、シティタワーズ板橋大山サウスタワーです。「大山町クロスポイント周辺地区第一種市街地再開発事業」の一つとして建設されたタワーマンションで、東武東上線の大山駅から川越街道に至るハッピーロード大山商店街の中ほどに位置しています。不動産流通研究所などによると、２０２４年６月から登録が開始された第１期の平均坪単価は６５０万円（販売価格９４００万〜１億５９００万円）[4]で下層階を含む平均坪単価でも５５０万円とのことで、周辺の相場から見てもかなり高めの価格帯のタワーマンションが再開発で誕生しています。

　では、再開発で建設されるタワーマンションの販売価格は、10年前と比べてどの程度、上昇しているのでしょうか。

	タワーマンションA		タワーマンションB
竣工	2015年竣工		2026年４月竣工予定
立地	月島駅徒歩１分		月島駅から徒歩５分
事業区域	月島一丁目３、４、５番地区第一種市街地再開発事業		月島三丁目北地区第一種市街地再開発事業
時期	販売当時（新築）	2024年６月（中古）	2023年７月（新築・１期１次販売）
坪単価の平均（万円）	坪326万円	坪658万円	坪697万円
	35階の70㎡台の住戸 ※1		31-35階の70㎡台住戸の平均 ※2

図表0-2　**10年前の再開発で建設されたタワーマンションと今後竣工予定のものとの価格比較**

※1「イエシル」ウェブサイトの掲載情報をもとに算出。https://www.ieshil.com/buildings/89197/

※2「マンションコミュニティ」ウェブサイトの価格スレで、検討者から収集した情報として掲載されたグランドシティタワー月島の分譲時価格リストをもとに算出。なお、「全住戸分の情報は含まず、また情報が全て正確かどうかは不明」と記載されている。https://www.e-mansion.co.jp/bbs/thread/691894/

中央区月島駅周辺で10年ほど前に再開発に伴い建設されたタワーマンションを比較してみました（図表０‐２）。２０１５年に竣工したタワーマンションAは販売当時、坪単価の平均が３２６万円（70㎡換算で約６９００万円）でしたが、２０２６年竣工予定のタワーマンションBは坪６９７万円（70㎡換算で１億４７６０万円）と２・１倍になっていました。タワーマンションAは２０２４年６月時点の中古マンション相場で坪６５８万円（70㎡換算で１億３９３０万円）と10年前から２倍に値上がりしているわけですが、新築のタワーマンションBはそれより６％ほど高い価格帯となっています。周

辺の中古マンション価格が高騰すればするほど、同じエリアの新築マンションで設定される価格も上昇していく可能性があると考えられます。

詳細は第2章・第3章で述べますが、近年、各地で旺盛に再開発が行われ、そこで建設されたタワーマンションによって大量の住宅が供給されています。しかし、平均価格が1億円以上といった状況では、月々必要になるマンションの維持管理費や修繕積立金の負担、日々の生活費、子どもへの教育費などのことを考えると、世帯年収で1500万円程度あるようなパワーカップルでも躊躇する価格帯になっていることがわかります。

中古マンションも戸建住宅も上昇

近年、新駅の開業や駅前再開発などが旺盛に行われているエリアを中心に、地価も上昇しています。詳細は第1章で述べますが、都道府県地価調査（毎年7月1日時点）によると、2023年の地価は、総人口の71％が住んでいる市街化区域（都市計画法に基づきすでに市街地となっている区域、及び計画的に市街化を図るべき区域）にある調査地点の約6割で10年前よりも上昇しました。

こうした地価の上昇、新築マンションの価格高騰を背景に、中古マンションや新築戸

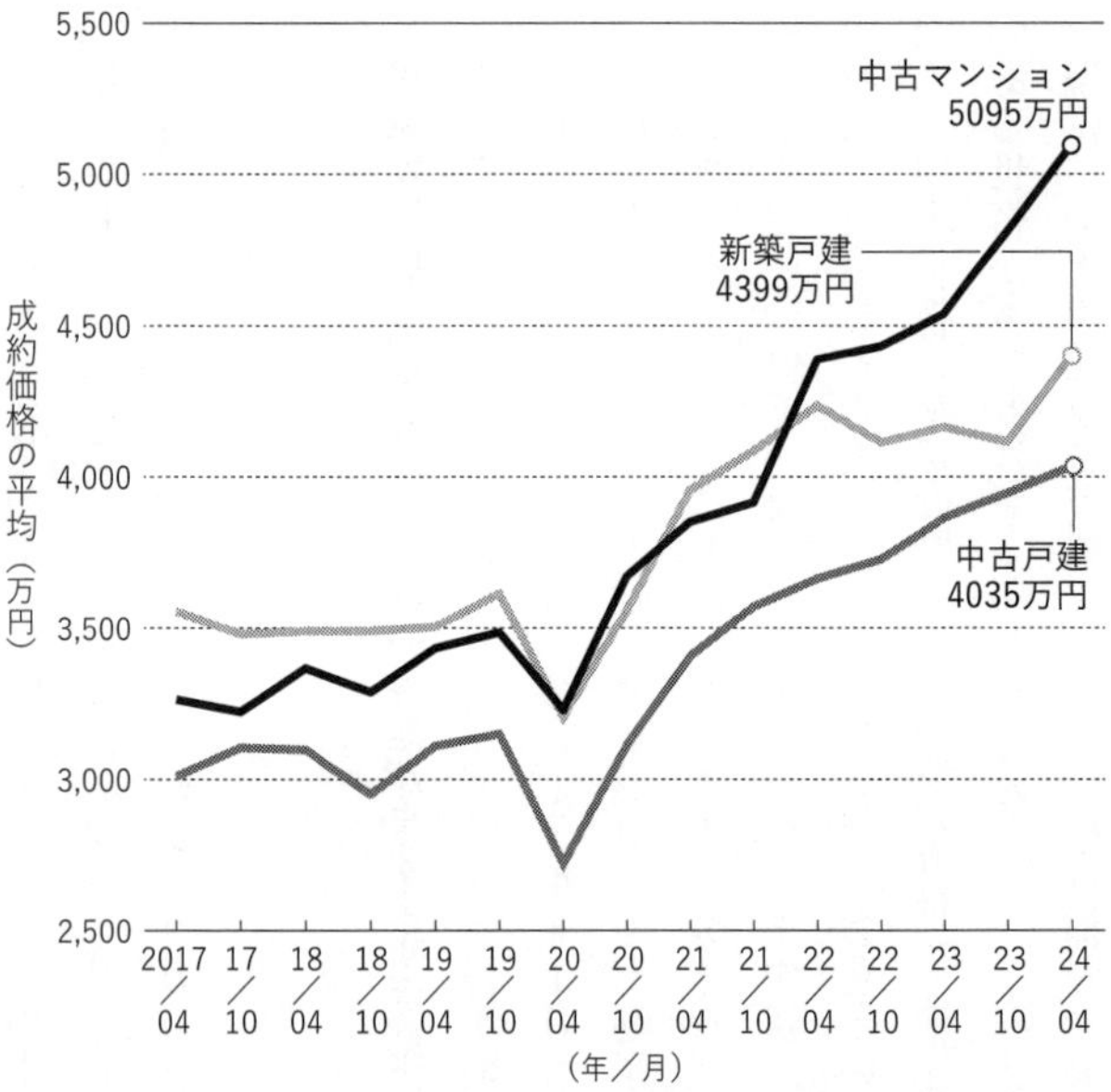

図表0-3　首都圏の中古マンション・戸建住宅の成約価格の推移

データ出典：中古マンションは公益財団法人不動産流通推進センターの各月の「指定流通機構の物件動向」、新築戸建・中古戸建は公益財団法人東日本不動産流通機構の各月の「Market Watch」をもとに作成

建・中古戸建の価格も上昇しています（図表0-3）。首都圏では、2024年4月の中古マンションの成約価格の平均は5095万円で5年前（同月）の1・5倍、新築戸建は4399万円で5年前（同月）の1・3倍、中古戸建は4035万円で5年前（同月）の1・3倍になっています。

さらに、賃貸マンションの賃料も上昇しています。

２０２４年４～６月の東京23区の１㎡あたりの平均賃料[5]は３４９３円と５年前の１・15倍となりました。これは、例えば、ファミリー向けを70㎡とすると、約３万２０００円／月、新婚向けを40㎡とすると、約１万９０００円／月も賃料が上昇しているということになります。

可処分所得と不動産価格上昇の乖離がますます深刻に

土地や住宅の価格が上昇しても、可処分所得が増えていけば、大きな影響は出ません。しかし、図表０‐４のとおり、２０１３年＝１００としてみると、２０２０年から可処分所得は上昇しているものの、マンションの不動産価格指数[6]と可処分所得の乖離《かいり》がますます大きくなっていることがわかります。つまり、マンションの価格上昇に、可処分所得が全く追いついていないどころか、ますます状況が深刻になっているのです。

特に、東京などの大都市では、住居費・食費といった基礎支出が他の道府県より高いため、中央世帯（都道府県ごとに可処分所得が上位40～60％の世帯）では、そこまで余裕のある世帯が多いとは考えられません。

現に、国土交通省の資料[7]によると、東京都の中央世帯の基礎支出は47都道府県で最も

2030-2040年
日本の土地と住宅

野澤千絵
明治大学政治経済学部教授

828
中公新書ラクレ

本文ＤＴＰ／市川真樹子

第4章　中古マンション編：住宅の流通量が増加する駅

第3章　高コスト化する再開発

第2章　今、なぜ、家が手に入りにくいのか？

第1章　この10年の地価高騰を読み解く

目次

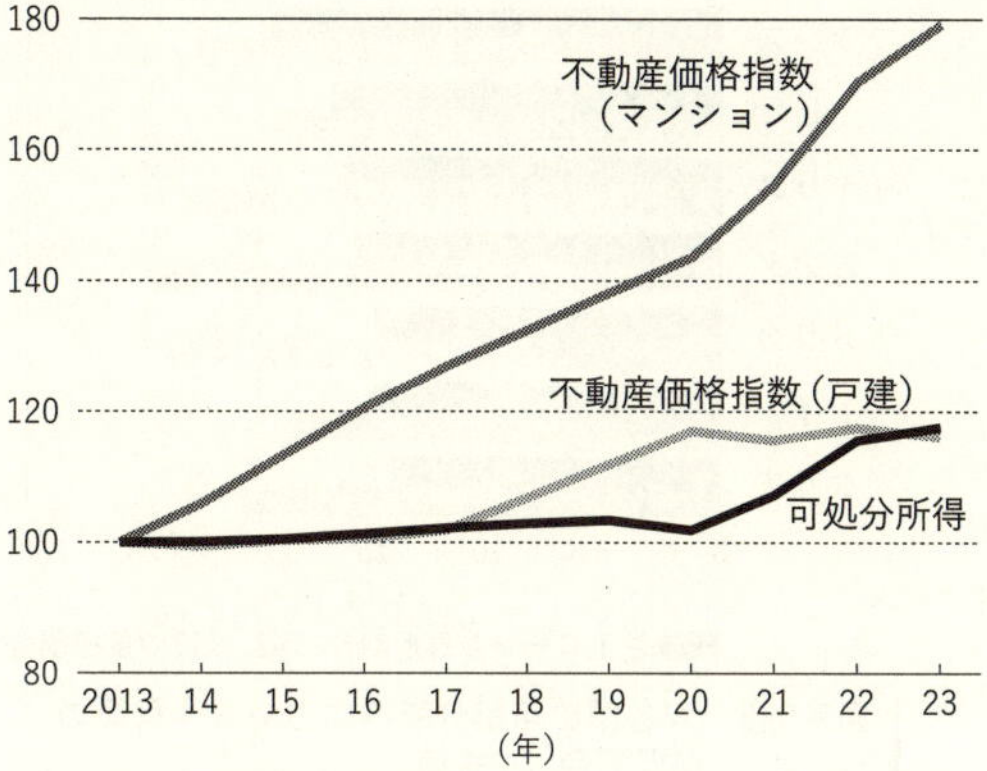

図表0-4　2013年＝100とした場合の不動産価格指数と可処分所得の推移

※「不動産価格指数」とは、取引価格の価値を異なる時点間で比較できるように、国土交通省が年間約30万件の不動産の取引価格情報をもとに、ヘドニック法により立地・物件の特性・季節などの影響を取り除いた不動産価格の動向を指数化したものである

データ出典：不動産価格指数は国土交通省公表データ、可処分所得は総務省「家計調査年報（家計収支編）」のデータをもとに作成

高く、可処分所得から基礎支出を差し引いた金額は全国で第42位となっています。

このように、収入の割に生活に余裕がある世帯が多いとは言えない東京都では、２０２３年、１人の女性が一生の間に出産する子供の人数を示す「合計特殊出生率」[8]が０・99（全国で47位）と、とうとう1を下回ってしまいました。

こうした少子化の背景には様々な要因がありますが、住宅の入手の難しさも影響しているのではないかと考えています。２０２１年の国立社会保障・人口問題研究所の調査[9]によると、「夫婦が理想の数の子どもを持たない理由」

のうち「家が狭いから」と回答した若い世帯（妻の年齢35歳未満）が21・4％であるように、少子化を少しでも食い止めようというのなら、若い世帯が住めなくなっている都市づくりをこのまま進めてよいのかという根本的な問題にも目をむける必要が生じていると言えます。

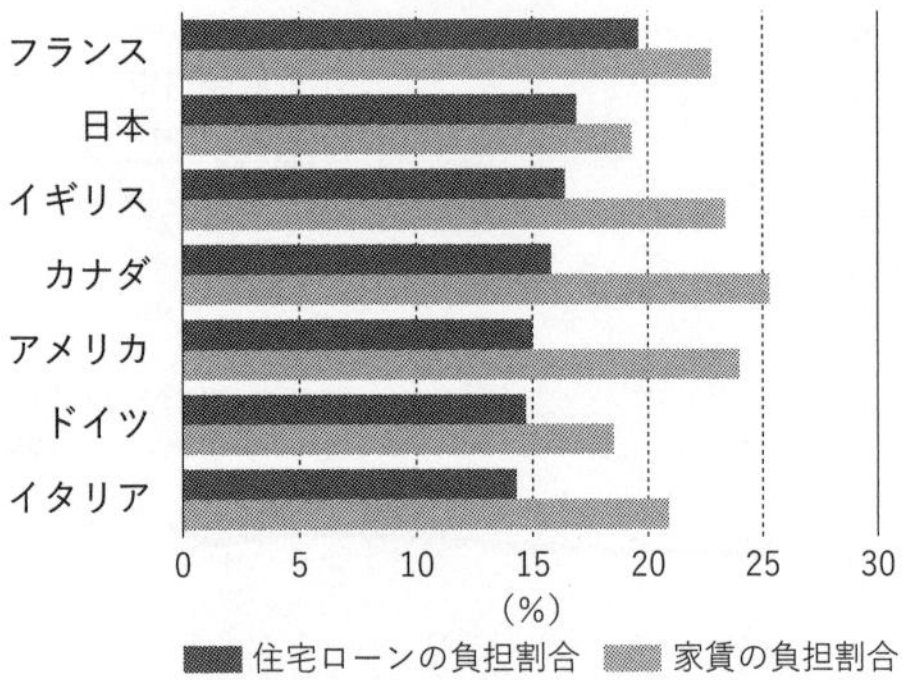

図表0-5　**G7各国の可処分所得に占める住居費の負担割合（中央値）**

※フランス・ドイツ・イタリアは2022年、日本・イギリス・アメリカは2021年、カナダは2019年のデータ。アメリカは、データの制約により総所得を使用

※家賃の負担には民間賃貸だけでなく公的賃貸等も含まれる

データ出典：OECD (2024), OECD Affordable Housing Database (https://oe.cd/ahd) をもとに作成

Ｇ７の中でも住居費の負担割合が高い日本

このようにマンション価格の上昇と可処分所得の上昇の乖離が拡大する中で、可処分所得に占める住宅ローンや家賃の負担は、欧米と比較して、どの程度なのかを調べてみました。少し前のデータですが、ＯＥＣＤ（経済協力開発機構）による、Ｇ７（主要７か

国）各国の可処分所得に占める住居費負担割合（図表0－5）を見ると、可処分所得に占める住居費負担割合（中央値）のうち、家賃の負担割合は、高い順にカナダ（25・3％）、アメリカ（24・0％）、イギリス（23・4％）と続き、日本（19・3％）は第6位でした。

一方で、住宅ローンの負担割合は、第1位のフランス（19・6％）についで第2位が日本（16・9％）となっています。つまり、日本では、持ち家世帯で住宅ローンを抱える世帯の住居費の負担割合がG7の中でも高い国なのです。しかし、こうした状況にもかかわらず、近年の日本では、住宅政策や都市政策の中で、中間所得階層以下の市民が手頃な価格で購入・賃貸できる住宅をどう確保していくかといった点はほとんど論じられていないのが現状です。

「高コスト化」という構造的問題

とはいえ、最近、再開発などでタワーマンションの建設があちらこちらで行われ、住宅の「量」はかなり増えているはずなのに、なぜ、ここまで住宅価格が高くなっているのかと疑問に思われる方も多いでしょう。

高度経済成長期以降、都市計画では、駅前や中心市街地などの利便性が高いエリアや都市の拠点エリアでは、土地をまとめて燃えにくい建物として防災性を向上させ、そこに交通・商業・業務・行政・文化・居住など必要な機能を入れる「アーバンリニューアル」が不可欠だと根強く考えられてきました。

そのための手法の一つが都市再開発法に基づく市街地再開発事業です。特に、近年は、タワーマンション建設が主目的ともいえる再開発も多く見られるようになりました。

市街地再開発事業は、細分化された複数の地権者の土地をまとめ、基本的にはそれまでよりも巨大な建物を建て、新たに生み出された床（保留床という）の売却費や補助金などで全体の事業費を賄う仕組みとなっています。

詳しくは第3章で述べますが、市街地再開発事業では、保留床を多く生み出すことで事業費を捻出するために建物が「高く大きく」なりがちなこと、地権者等への補償費や、土地整備費として老朽ビルなどの解体費が事業費に加わってくることなど、再開発という事業手法自体に全体の事業費を押し上げる要因があるのです。つまり、駅前などの地価が高く、多くのビルが建ち並んだエリアの場合、再開発を進めるための「前提条件の整理」にかかる多大な費用が上乗せされるため、どうしても高コストになる構造なのです。新築マンション価格の高騰を抑えるためには、こうした現行の市街地再開発が抱える構造的な問題も検証しなくてはいけません。

再開発は、時代のニーズに合わせた都市空間へとつくり替えていくためにはこれからも必要不可欠です。しかしながら、昨今の再開発ラッシュを目にするにつけ、非常に懸念していることがあります。本書後半でも詳述しますが、再開発された後、50年から100年が経過し、建物が陳腐化・老朽化したとしても、ふたたび再開発を行うことが極めて難しくなるということです。というのも、再開発にあたっては多数の所有者の合意形成が必要になりますが、一度目の再開発で土地や建物が複雑に共有化・区分所有化されてしまっているので、再度、再開発をする（以下、再々開発）際に、合意形成がますます困難になることが容易に想像できるからです。

近年、全国各地の自治体で積極的に取り組まれている再開発ですが、それによって駅前など重要なエリアの土地や建物の共有化・区分所有化がますます進んでしまっています。将来世代が「使えない」「変えられない」状況を今、私たちが何の工夫もしないまままつくり続けてよいのだろうか、という点も都市政策の重要な論点です。これまでの延長線上で考えるのではなく、そろそろ本格的に、人口減少時代に対応した新しい事業手法の構築も含めて議論すべきと考えます。

転売目的の不動産投資の功罪

さらに、近年、不動産投資・転売目的での購入が活発化しています。特に歴史的な円安を背景に外資・外国人による不動産購入が旺盛になったことが、ますます物件価格の上昇に拍車をかけています。例えば、東京オリンピックの選手村であった晴海フラッグのマンションは、NHKの取材[10]によると、転売目的での投資家や不動産会社のマネーゲームの場と化してしまっています。物件引き渡し前にもかかわらず、すでに購入時よりも3000万円以上も高い9500万円で転売されているケースが出ています。

世界の大都市の物件価格からすると東京都心の物件は安価、お買い得だと言われています。

例えば、イギリスの不動産コンサルティング会社・ナイトフランクによるレポート[11]によると(図表0-6)、100万ドルで買える高級不動産の面積は、香港22㎡、シンガポール32㎡、ロンドン33㎡、ニューヨーク34㎡なのに比べ、東京は64㎡となっています。「上海のマンション1室を売れば東京でビル1棟買える」という噂話も耳にしますが、このデータを見ると、本当にそうなのかもしれません……。

そして、東京や大阪の都心部だけでなく、観光地として人気の京都、箱根、ニセコなどで、外資や外国人の不動産投資・転売目的での購入が旺盛となっており、それが地価や物件価格の高騰につながっています。

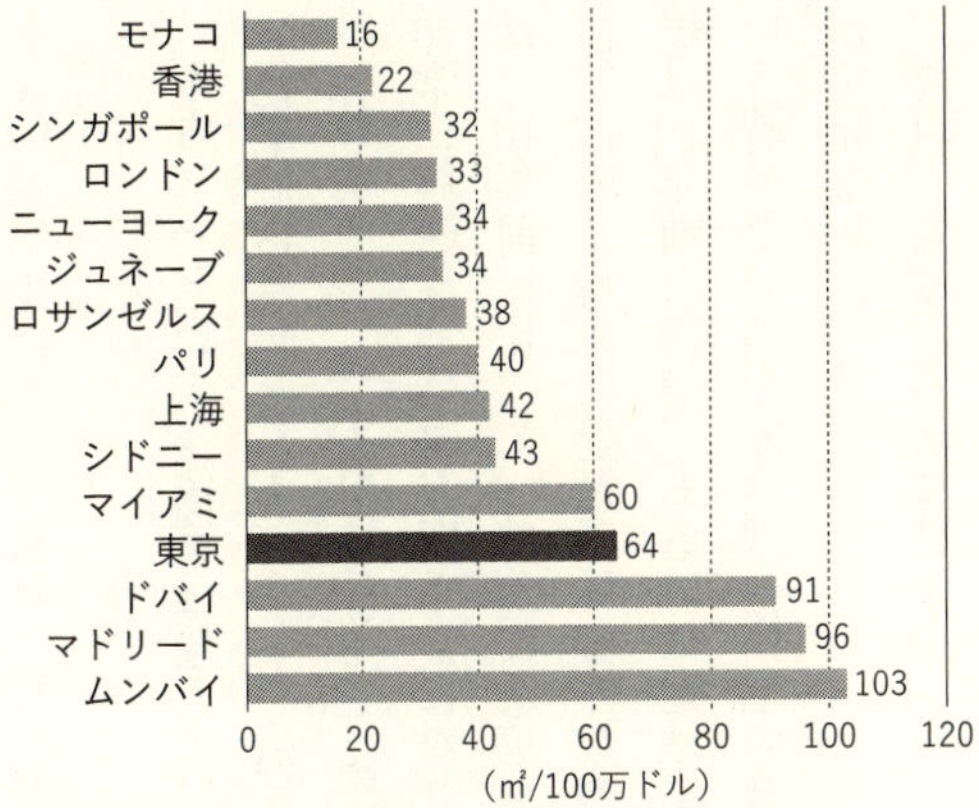

図表0-6　世界主要都市の100万ドルで購入できる高級不動産の面積（2023年）

データ出典：Knight Frank, “The Wealth Report 2024”より作成

確かに、人口減少の影響がますます深刻化する日本では、内需だけでは限界があり、環境も治安も良い日本の強みを生かして経済を活性化していくことも必要でしょう。

しかし、世界に目を向けると、オーストラリア、カナダ、スペインなどでは、外資・外国人による旺盛な住宅購入により、住宅価格が高騰し、自国民が購入できないレベルになっており、社会問題化しています。

中古マンションの流通量は増えているのだが……

住宅価格高騰というイメージの一方で、ここ10年の1都3県（東京都・埼玉県・千葉県・神奈川県）の中古マンションの在庫数やその築年数の推移について分析してみると、非常に興味深い結果が明らかになりました。詳しくは第2章で述べますが、1都3県では、10年前に比べて、確かに新築マンションの供給数は半減しています。その一方で、住宅市場に新規に登録される件数の推移を見てみると、中古マンションや新築・中古戸建は10年前と同等、あるいは地域によっては増加しているのです。つまり、コロナ禍という特殊な時期を除けば、住宅の量が、世帯数の増加に比して圧倒的に不足している状況ではないのです。

では、なぜ、市場に住宅の「量」として十分に出回っているにもかかわらず、住宅の入手困難さを感じている人が多いのでしょうか。

それは、あまりにも高額となり過ぎて「手が出ない住宅」と、古い・立地が悪いなどの理由で「手を出したくない住宅」ばかりが増加し、今の住宅実需層のニーズに合わなくなっていることが大きな原因だと考えています。

現に都心3区（千代田区・中央区・港区）を除く1都3県の中古マンションについては、在庫の築年数平均が2014年時点は築18～22年程度でしたが、2024年には築26～32年程度になっており、総じて「在庫の中古マンションの高経年化」が進んでいます。

こうした事態を都市政策の観点から見ると、2030年、2040年、2050年……と今後、時代が経過すればするほど、大都市の住宅実需層のニーズに合わない築年数が古いマンションの在庫がどんどん積み上がっていくことが予想されるのです。これは、買い手の付かない空き部屋を大量に抱えたマンションが、老朽化したまま地域にずっと残り続けることを意味します。

都市化しきったことによる開発余地の乏しさ

詳しくは第3章や第4章・第5章で紹介していますが、日本では明治維新以降、鉄道会社による沿線開発、関東大震災・戦災からの復興やその被災者の郊外移住のための宅地開発、そして高度経済成長期の郊外ニュータウン開発、産業構造の変化に伴って創出された工場跡地・鉄道ヤード跡地・埋め立て地などでの大規模開発……と全国各地で都市化が進行してきました。

その結果、特に大都市は「すでに都市化しきった」状況となったため、もはや新たに開発できる土地＝開発余地が少なくなってしまった状態なのです。

それであるなら、増え続ける空き家を活用すればよいのですが、これまでの状況を見る限り、所有者が空き家のまま長期間置いておくケースが多いのです。つまり、不動産市場になかなか流通しない、いわば「空き家という在庫は多いのに店頭に並ばない」状況となっているのです。

前述のとおり、中古マンションの在庫が増えているので、そこを時代のニーズに合わせて建物全体を大胆にリノベーションしたり、建て替えたりできればよいのですが、区分所有者同士の合意形成という高いハードルがあるため、実現に向かうケースは非常に少ないのが現状です。

また、こうした古い建物や土地をまとめて再開発をするという選択肢もあります。しかし、前述のとおり、再開発という仕組みは高コスト構造で、かつ建設費もまだまだ上昇することが見込まれます。ですので、ニーズの高いところで再開発しても、高額物件が生み出されるだけで、一般世帯が手を出せる住宅が増えるとは思えません。

このように、都市化しきったことによる開発余地の乏しさも、住宅の入手困難化や高コスト化を助長しているのです。

これから住宅の流通増が見込まれる利便性の高い街はどこか？

こうして住宅の入手困難化・高コスト化の実態を見ていくと、もう日本の街に絶望感しか持てなくなりそうですよね……。

しかし、そんな絶望感を読者に抱かせることは本意ではありません。都市政策の研究者の一人として、若い世代や、今、入手困難化・高コスト化する住宅の問題に不安を感じていらっしゃる読者の方々に、将来、自分たちにとって暮らしやすそうな街や住宅について少しでも具体的な可能性を感じてもらいたいと筆を執りました。

筆者は不動産の専門家ではないので、住宅価格の上昇・下落といった将来予測はできませんし、するつもりもありません。ただ、日本は海外と異なり、これから団塊世代の持ち家の大量相続が発生することは確実です。ですので、高齢世帯だけが住む持ち家（戸建・マンション）の分布や量などのデータ分析を行えば、少なくとも、今後、住宅の流通量が増える街はどこなのかといった将来予測は可能です。

　本書では、単に全体的な件数の増減のみならず、具体的にどのようなエリアで、中古マンションや中古戸建（または解体後の土地）の流通増が見込まれるかについて、国勢調査のミクロなデータなどをもとに、筆者が独自に行った分析成果を紹介したいと思います。

　そこで、主要４駅（東京駅・渋谷駅・新宿駅・池袋駅）のいずれかに、乗り換え時間を含めて概ね30分以内[12]でアクセス可能な駅を対象に、これらの駅から徒歩10分圏内にある町丁目のみを抽出し、該当する駅ごとに、２０３０年・２０４０年における中古マンションと中古戸建の流通増加量を推計しました。なぜなら、昨今の実需層のニーズに合致しそうな立地を中心に明らかにしようと考えたからです。そして、エリア別に、２０３０年・２０４０年における中古マンションと中古戸建の流通増加量が多い駅ランキングを作成しました。

　なお、住宅といっても、必ずしも住宅を購入するだけでなく、賃貸で住まうという選択肢もあるのでは？　というご意見もあることでしょう。しかし、昨今の急激な住宅の入手困難化は、都市政策としても喫緊の課題であるため、本書では住宅の購入を中心に取り扱っています。

分析結果の詳細は、第4章・第5章で述べていますが、1都3県では、分析の結果、戸建住宅の方が先行して2030年頃に、そして中古マンションは2040年頃から大量に相続が発生することが明らかになりました。また、町丁目別にミクロに見ていくと、交通利便性が高く、想定される浸水リスクは低く、住環境の良好な街が多くあることも明らかになりました。

さらに、こうして考察を行っていく中で、非常に興味深いことに、50年、100年といったスパンで街が世代交代していく法則のようなものも見えてきました。先人たちが努力を重ねてつくってきた街。これから住む人たちにバトンタッチしていくために、私たち世代がどう知恵をしぼるのかと、筆者自身も問われているように感じています。

本書で随時、紹介していきますが、現在の都市政策は構造的な問題を抱えています。このまま同じ思考回路や枠組みで開発を続けていくと、将来、「使えない」「変えられない」場所が都市の中で増え続け、それに伴ってますます土地や住宅が入手困難化・高コスト化していく……といった悪循環が引き起こされることは明らかです。それが、若い世帯の生活費を圧迫し、更なる少子化の進展を招くことにもなりかねません。これから数年間の都市政策のあり方が、日本にとって最後のチャンスになると思っています。

そのため、最終章では、今後の土地・住宅、ひいては街の未来のために、都市政策はどう見直されるべきなのかを提言しました。

本書から、暮らしやすそうな街や住宅はまだまだあるという明るい未来を少しでも読者の皆様に感じ取っていただければ幸いです。

●注

1　不動産経済研究所「首都圏　新築分譲マンション市場動向　２０２３年（年間のまとめ）」

2　「スムラボ」ウェブサイト https://www.sumu-lab.com/archives/72257/

3　Impress Watch「港区最大の超高級マンション「三田ガーデンヒルズ」」（２０２３年９月22日付）https://www.watch.impress.co.jp/docs/news/1533182.html

4　不動産流通研究所ウェブサイト「大山の再開発マンション、17日に1期登録開始」（２０２４年６月12日）https://www.re-port.net/article/news/0000075997/、及び、日本不動産野球連盟ＲＢＡ野球大会ウェブサイト「準都心部も青天井相場へ　住友不「板橋大山」坪５５０万円「池袋」坪８００万円近く」（２０２４年６月12日）https://www.rbayakyu.jp/rbay-kodawari/item/7589-550-800

5　公益財団法人　東日本不動産流通機構「首都圏賃貸居住用物件の取引動向」の２０２４年、

及び2019年

6　「不動産価格指数」とは、取引価格の価値を異なる時点間で比較できるように、国土交通省が年間約30万件の不動産の取引価格情報をもとに、ヘドニック法により立地・物件の特性・季節などの影響を取り除いた不動産価格の動向を指数化したものである。

7　国土交通省　国土審議会計画推進部会　国土の長期展望専門委員会（第13回）資料2－4「地方の豊かさについて」（2021年3月8日）

8　厚生労働省「令和5年（2023）人口動態統計月報年計（概数）の概況」（2024年6月）

9　国立社会保障・人口問題研究所「第16回（2021）出生動向基本調査」

10　NHK首都圏ナビ・不動産のリアル（4）「異例の高倍率　晴海フラッグ～「転売目的」の購入は防げないのか?東京都に聞いた」2023年2月21日

11　Knight Frank, "The Wealth Report 2024"

12　平日朝8時に駅を出発した場合とし、新幹線は対象外とした。

第１章

この10年の地価高騰を読み解く

この10年で約6割の市街化区域で地価上昇

近年、毎年のように地価が上昇しているというニュースが聞かれるようになりました。ただ、こうした地価の変動に関するニュースは、前年度からの増減で語られることが多く、結局のところ、昔に比べてどの程度、どのエリアの地価が上昇しているのかイメージしにくいと思っていました。そこで、まずは10年前（2013年）の都道府県地価調査[1]（以下、地価と称す）と比較をしてみることにしました。ちなみに、2013年と言えば、ちょうどアベノミクスがスタートし、東京2020オリンピックの開催が決定した年です。

まず全国的に見ると、10年前の2013年に比べて、2023年の地価は全調査地点の35%（1万8168地点のうち6447地点）で上昇しました。市街化区域だけで見てみると、10年前から地価が上昇した地点は調査地点の約6割（9667地点のうち5891地点）にのぼっていました。

つまり、この10年で総人口の71%が住んでいる市街化区域[2]の多くで地価が上昇したことがわかります。

地価が上昇すると、国や自治体にとって固定資産税などの増収につながるというメリットがあります。一方で、そのエリアに土地を持っている人にとっては、資産価値は上がるものの、土地にかかる固定資産税・都市計画税・相続税の負担が増えるというデメリットがあります。賃貸住宅でも大家の税負担が増すため、家賃が上昇する可能性があります。

どのようなところで地価が上昇したのか？

では、実際、どのようなところで地価が上昇しているのでしょうか。

10年前から地価が１・５倍以上となった地点をプロットしたのが図表１‐１です。

この10年で地価が１・５倍以上となった地点が地域にまとまって広がっているのは、東京23区内とともに、札幌市、仙台市、名古屋市、京都市、大阪市、福岡市といった拠点エリアでした。まさに国から「都市再生緊急整備地域」に指定され、民間主導の再開発がさかんに行われてきたエリアとぴったりと重なっています。

「都市再生緊急整備地域」とは、都市の再生の拠点として、都市開発事業等を通じて緊急かつ重点的に市街地の整備を推進すべき地域として国が指定する地域のことです。こ

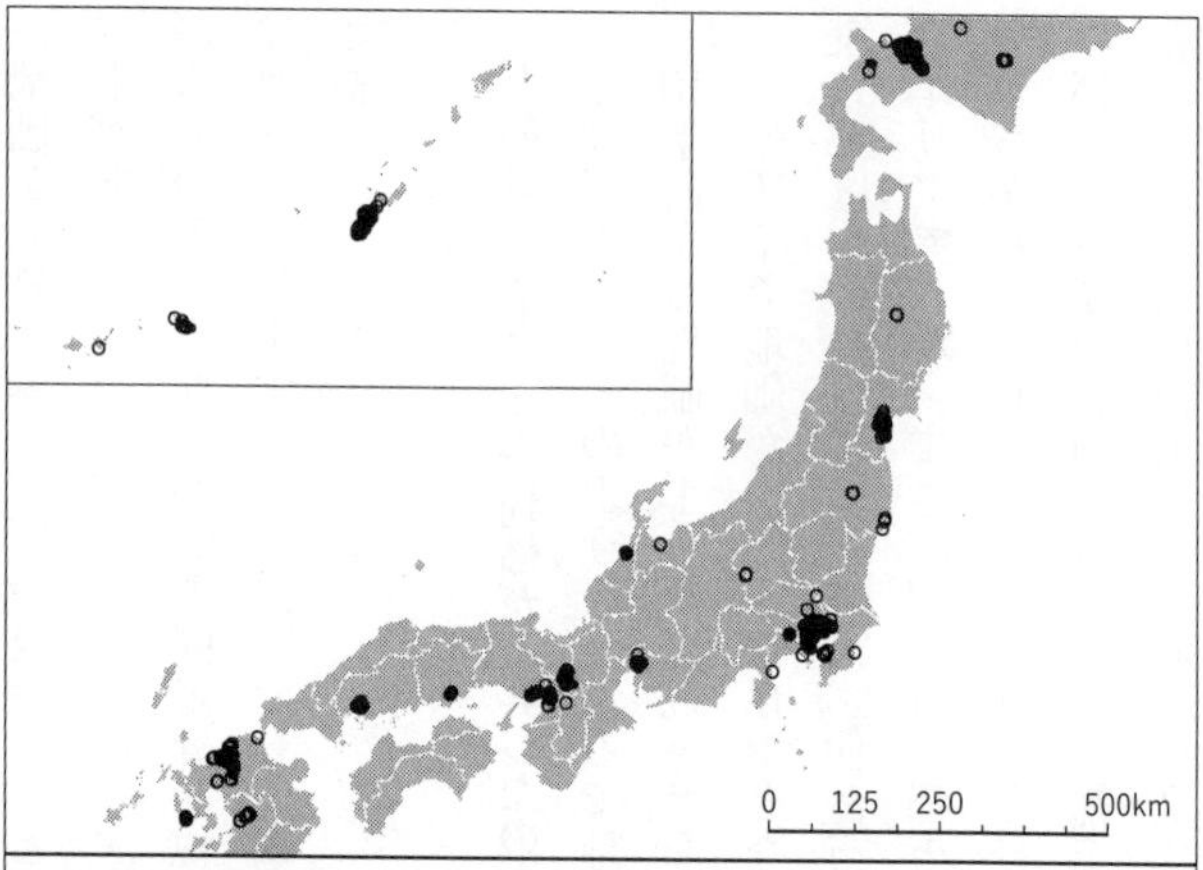

10年地価上昇率
○ 50%以上100%未満（1.5倍以上上昇）
● 100%以上（２倍以上上昇）
※10年地価上昇率＝2023年地価／2013年地価×100%

図表1-1　**10年前から地価が1.5倍以上上昇した地点**（2013-2023年）
データ出典：令和５年都道府県地価調査に基づき作成

れは、２００２年に制定された都市再生特別措置法という法律に基づいて創設された制度です。都市再生特別措置法は、バブル経済崩壊後、経済が低迷し、多くの不良債権が発生したことから、主として不動産の流動化、経済対策の一環として制定されました。いわば、国が特定の地域を特区的に指定し、民間活力を活用して都市を再生させようというものです。都市再生緊急整備地域に指定されると、民間開発事業者は、メリットとして容積率などの規制緩和や事業認可等の手続期間の短縮、財政支援や金融支援、税制上の優遇措置が得られる仕組みとなっています。

２００２年以降、民間の開発事業者にとって多くの収益が見込めそうな、いわば需要があるエリアを中心に大規模な再開発が旺盛に行われました。そして、それが更にその周辺地域の開発を誘発し、地域全体で地価が上昇していったと考えられます。

また、地方都市では、産業誘致が進む北海道千歳市や熊本県菊陽町、観光開発が旺盛に行われている北海道倶知安《くっちゃん》町、沖縄県なども地価が上昇していました。ちなみに、北海道のニセコエリアにある倶知安町は、上質なパウダースノーがあるスキー場としてオーストラリア人が見いだして以降、海外の人に人気のスキーリゾート地となりました。ここにはこの10年間で地価がなんと18倍となった全国で最も上昇率の高い地点があります。それでも、外資によるホテルやコンドミニアムの開発計画中の案件がまだまだ多数、控えています。ただ、ここまで高騰すると、もう地元の人には手が出ない状況を引き起こしています。

以上のように、全国でも、旺盛に新規の開発があったところで不動産取引が活発化、顕在化しました。これにより地価が上昇し、それが周辺の地価にも波及したのです。

東京23区で地価が高騰したエリアは……

次に、全国的に見ても面的に大幅な地価上昇があった東京23区の状況（図表1－2）を見てみましょう。

この10年で最も地価が上昇した東京23区の調査地点は、２０２０年にＪＲ山手線に新しくできた高輪ゲートウェイ駅付近（10年前の２・３倍）で坪６１８万円から坪１４０５万円となりました。ついで２０２０年に東京メトロ日比谷線に新しくできた虎ノ門ヒルズ駅付近（10年前の２・２倍）で坪７３７万円から坪１６１３万円になりました。

例えば、この10年で２・３倍になった高輪ゲートウェイ駅付近の調査地点を見ると、高輪ゲートウェイ駅から泉岳寺駅の間で東京都が施行中の「泉岳寺駅地区第二種市街地再開発事業」[3]区域に隣接した場所でした。泉岳寺駅は、羽田空港にも成田空港にもアクセスできる駅です。また、ＪＲ東日本の品川車両基地跡地では、リニア中央新幹線の開通に向けて国際交流拠点としての再開発が行われています。こうした中で泉岳寺駅は利用者がさらに増加することが見込まれるものの、現状の泉岳寺駅のホームは国道の下の地下空間にあるために拡幅が困難でした。そこで、駅の改良やオフィス・店舗・タワー

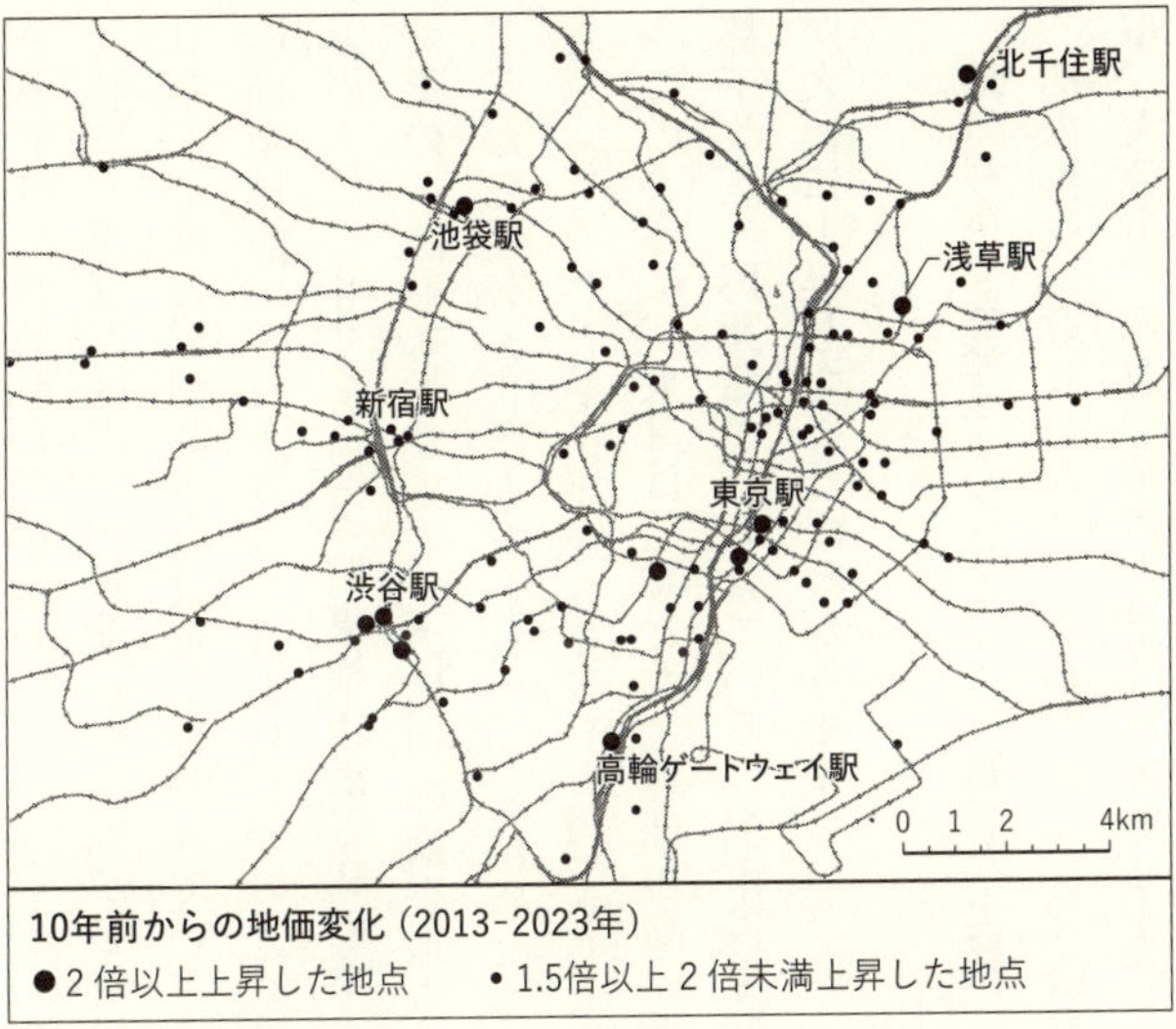

図表1-2　東京23区で10年前から顕著な地価上昇のあった地点
データ出典：令和５年都道府県地価調査に基づき作成

マンションを整備する再開発が進められており、２０２７年度竣工予定となっています。

10年前の地価の2倍以上に上昇したその他の地点についても見てみると、渋谷駅周辺の地点や、２０１７年に再開発で誕生した銀座のＧＩＮＺＡ ＳＩＸ周辺の地点、つくばエクスプレスの北千住駅西口側の地点（タワーマンション２棟が建つ再開発計画が進行中）、インバウンド客で賑わう浅草駅周辺の地点、地域全体で大規模な都市改造を進める池袋駅周辺の地点、複数の大規模再開発プロジェクトが進行する東京駅周辺の地点でした。

特に、東京23区内で10年前から地価が2倍以上になった10地点のうち3地点が、10年に一度と言われる大改造が行われている渋谷駅周辺でした。具体的には、渋谷駅前の商業施設「SHIBUYA109」の近くの文化村通り沿いの調査地点（坪2645万円→坪5521万円）、旧東横線渋谷駅のホームと線路跡地等を再開発した2018年開業の「渋谷ストリーム」の周辺の調査地点（坪936万円→坪1884万円）、2022年から建替え工事が行われている渋谷マルイ（2026年開業予定）に隣接した調査地点（坪2628万円→坪5256万円）でした。

このように、東京は、もともと地価が高い地域ですが、特に新駅の開業や、大規模な都市改造・再開発が行われている「都市再生緊急整備地域」を中心に、この10年で地価が大幅に上昇したことがわかります。

地方都市も開発ラッシュエリアで顕著な上昇

都市再生の取り組みは、首都圏の1都3県や、三大都市圏の名古屋市、岐阜市、京都市、大阪市、堺市、神戸市だけではありません。札幌市、仙台市、新潟市、福井市、岡

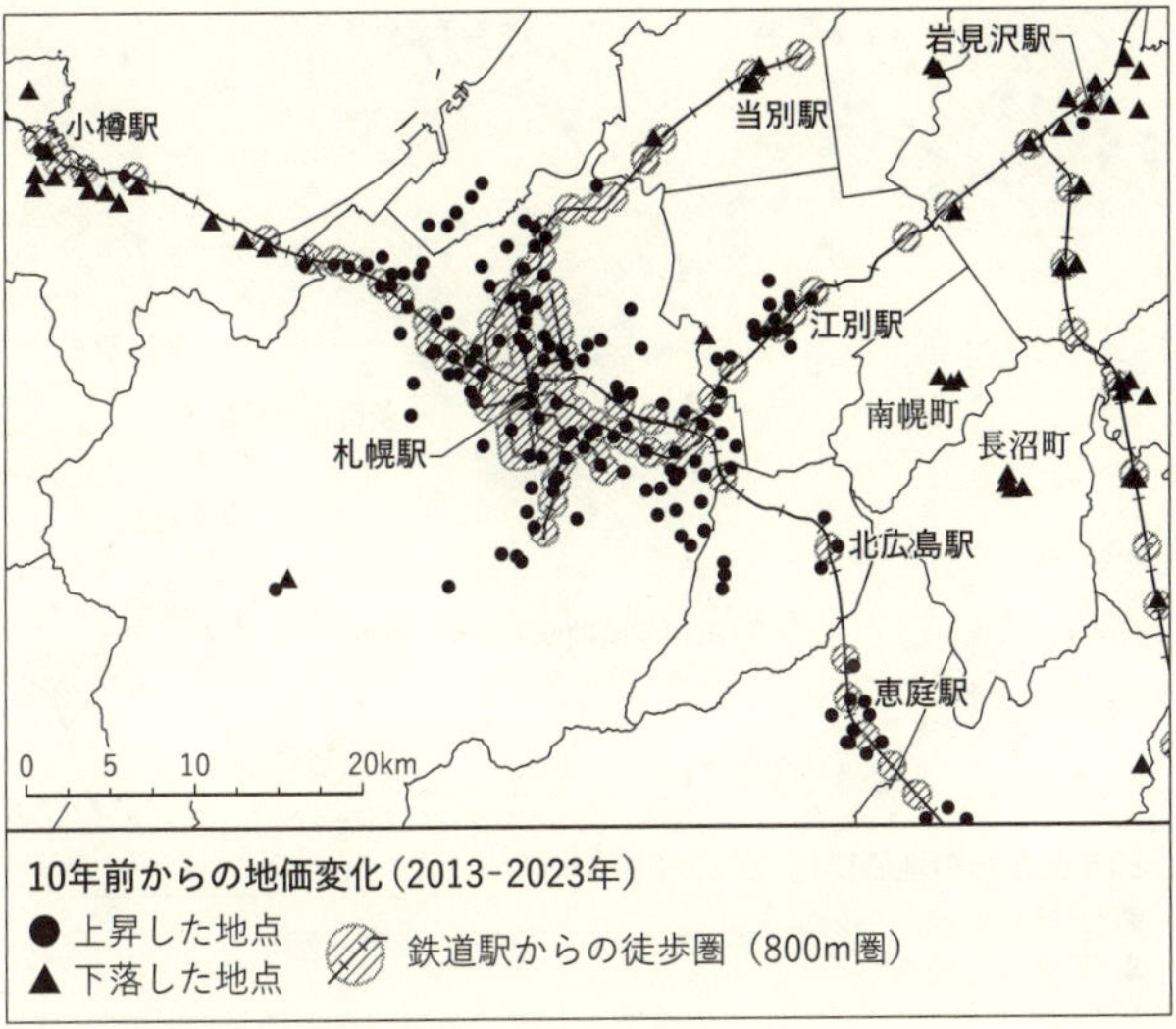

図表1-3　札幌市と周辺エリアの地価変化
データ出典：令和５年都道府県地価調査に基づき作成

山市、広島市、高松市、北九州市、福岡市、長崎市、那覇市などの地方都市でも行われています。

その中でも特に、札幌市から恵庭市・千歳市に至るエリア（図表１-３）や福岡市から筑紫野市に至るエリアは、市街化区域の全ての調査地点で10年前より地価が上昇しましたが、特徴的なのは鉄道駅から徒歩圏外であっても上昇している点です。これは、車による移動が多いライフスタイルであることも関係しているものと考えられます。

一方で、図表１-３のとおり、

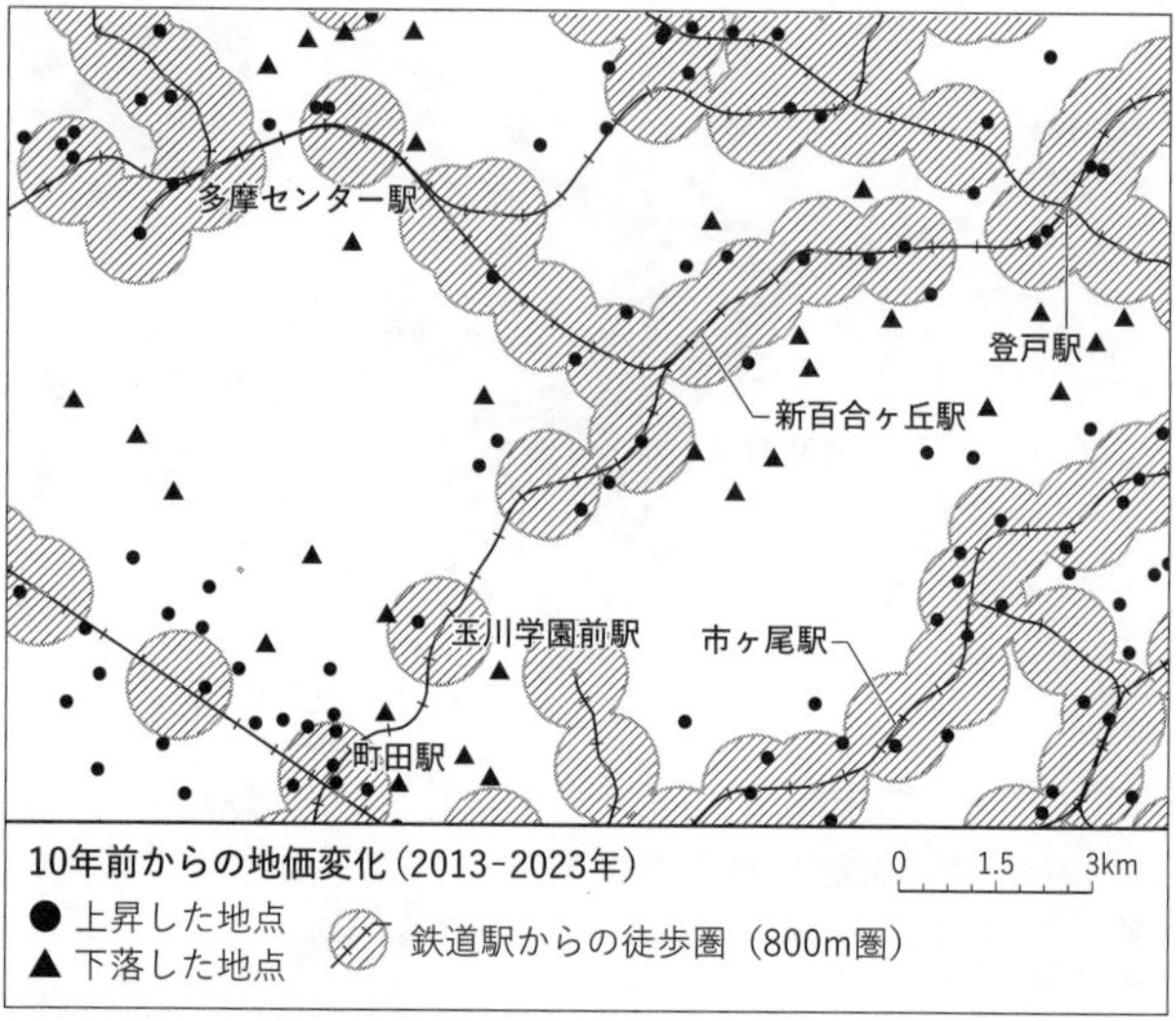

図表1-4 川崎市・多摩市・町田市の地価変化（市街化区域のみ）
データ出典：令和５年都道府県地価調査に基づき作成

札幌市から少し離れた小樽市、当別町、南幌町、長沼町などの市街地では、ほとんどの地点で下落しており、札幌市への開発・人口の一極集中が一層進んだことがわかります。

鉄道駅から徒歩圏外では下落傾向

もう少し詳細に分析するため、鉄道駅から概ね10分程度の徒歩圏（８００ｍ圏）[4]と重ねてみました。

その結果、鉄道網が発達している大都市圏では、駅から徒歩圏内の調査地点のほとんどで地価が上昇しましたが、駅から徒歩圏外の

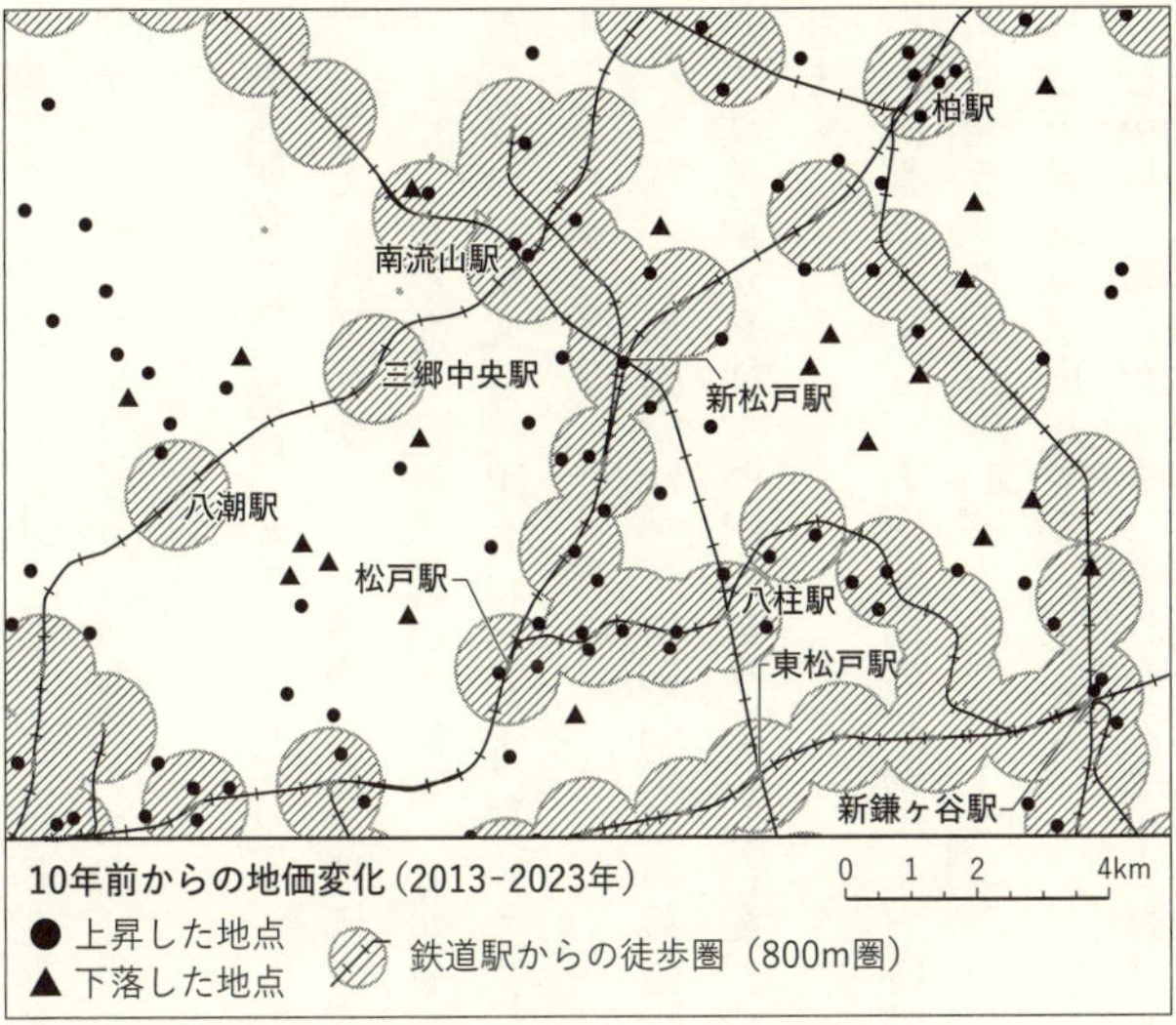

図表1-5　**三郷市・松戸市の地価変化**（市街化区域のみ）
データ出典：令和５年都道府県地価調査に基づき作成

エリアでは、明らかに地価の下落している地点が多いという特徴が見られました。

例えば、東京都市圏で東京駅から20～25㎞程度に位置するエリア（市街化区域）を見てみると、川崎市の宮前区・多摩区・麻生区の丘陵地に広がる住宅地（図表１－４）、東京都と埼玉県との境に位置する三郷市の住宅・工場・農地が混在した戸ケ崎、柏市の光ケ丘・青葉台・東山といった古くからの住宅団地エリア（図表１－５）では、駅からの徒歩圏外の調査地点で地価が下落しています。同じように、多摩市や町田市でも、ＪＲ横浜線や小田急電鉄小田原線の各駅からの徒歩圏内の地点は地価が上昇していますが、徒歩圏外では下落しています（図表1－4）。

鉄道駅から徒歩圏内でも下落したエリア

一方で、鉄道駅から徒歩圏内でも、地価の下落した地点が多く見られるエリアもありました。京浜急行電鉄本線の追浜駅（横須賀市）以遠、ＪＲ東北本線の東鷲宮駅（久喜市）以遠、東武日光線の杉戸高野台駅（杉戸町）以遠、東武東上線の北坂戸駅（坂戸市）以遠などです。

つまり、首都圏では、東京都心までの移動時間がおおむね1時間を超えない程度で、かつ鉄道駅から徒歩圏内のエリアにおいて、全体的に地価が上昇したと捉えることができます。

大阪都市圏でも、大阪駅前の貨物ヤード跡地の再開発が行われているうめきた周辺の再開発ラッシュや中心部でのタワーマンション建設が集中する大阪市では、地域全体に地価上昇地点が広がっていました。

しかし、都心から少し離れた大阪市生野区・東住吉区や東大阪市、八尾市、松原市あ

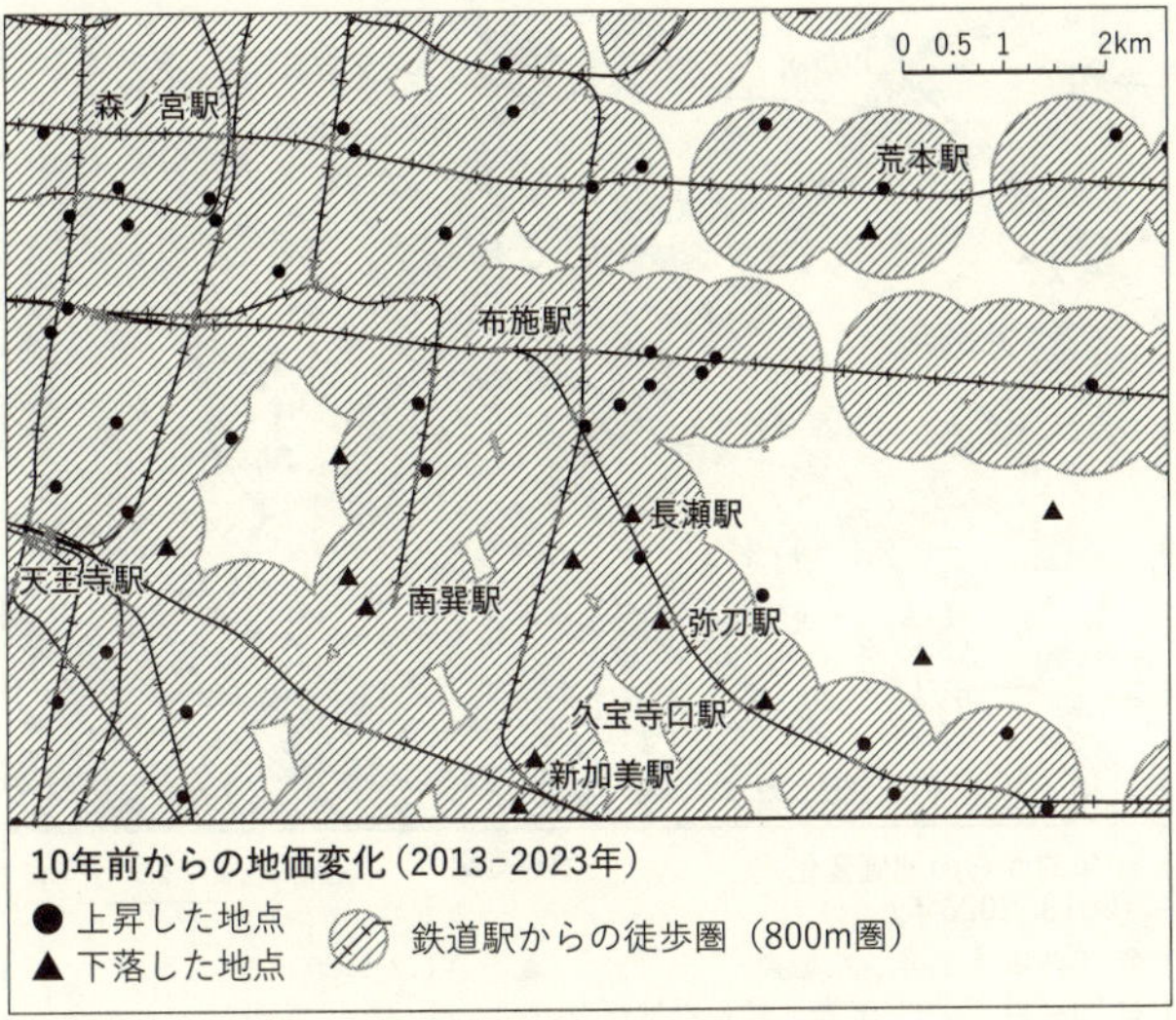

図表1-6　**大阪市東部の地価変化**（市街化区域のみ）
データ出典：令和５年都道府県地価調査に基づき作成

たり（図表1－6）になると、上昇した地点もあるものの、鉄道駅から徒歩圏内でも古くからある密集市街地などで下落地点が見られました。これは、道路が狭く建て詰まりになっていたり、権利関係が複雑化したりしている土地も多いため、新規の開発を行おうにも行えないというのが一つの要因として考えられます。

鉄道駅から徒歩圏外でも上昇したエリア

首都圏では、図表1－7のとおり、鉄道駅から徒歩圏外でも上昇

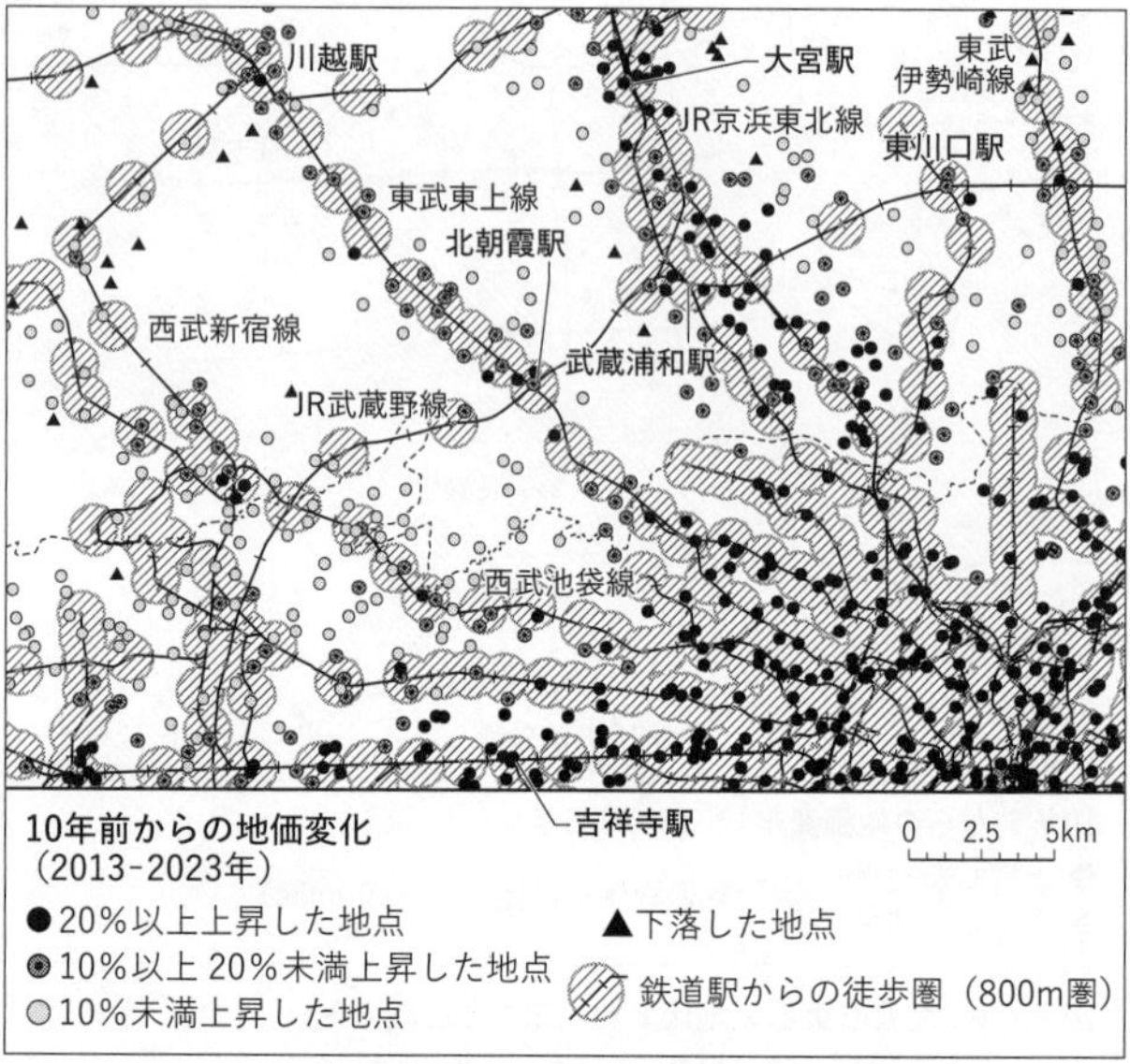

図表1-7　駅から徒歩圏内外の地価変化（市街化区域のみ）
データ出典：令和５年都道府県地価調査に基づき作成

している地点が多い状況となっていました。特に、東京23区内だけでなく武蔵野市、三鷹市、川口市、市川市、浦安市などで10年前よりも地価が2割以上上昇していました。

また、それ以外のエリア（市街化区域）でも、図表1－7のとおり、西武池袋線、東武東上線、ＪＲ東北本線、埼玉高速鉄道、東武伊勢崎線などで、駅から徒歩圏外の市街化区域で上昇している地点は多く見られますが、その上昇幅は徒歩圏内に比べて微増となっていました。

つまり、東京への通勤圏内となるエリアでは、今でも駅から徒歩圏内かどうかが、地価の上昇率に影響する大きな要因になっていると言えます。

少し前までは専業主婦がいる世帯では、妻が夫や子供を車で駅まで送り迎えすることも多く、駅への徒歩圏内という立地は今ほどには重視されていませんでした。しかし、近年、夫婦共働き世帯が増え、こうした変化に対応してデベロッパーも「駅近」のマンションや戸建住宅の開発にシフトしていることもあり、駅から徒歩圏内という立地ニーズが高まっていると考えられます。

細分化し続ける大都市の土地

このように、首都圏では、駅から徒歩圏内のエリアだけでなく、徒歩圏外でも総じて地価が上昇しています。そして、資材価格・職人労務単価・円安による輸入製品価格の上昇などで建設費も高騰しています。そのため、一般的な世帯にとって手の届く価格帯にするため、以前よりも土地を狭くした建売住宅を販売しようという動きが顕著になっています。その結果として、近年、これはちょっと行き過ぎでは……と思うほど、土地を小さく分割して極狭小の建売戸建をつくる、いわゆる「超ミニ開発」が増えています。

例えば、大田区の極狭小の建売戸建（図表1-8）では、分割前は72・5㎡だった土地を35・7㎡と36・8㎡に2分割。3階建ての2LDK＋サービスルームとして、A区画は延べ面積63・8㎡・4980万円、B区画は延べ面積66・8㎡・5180万円で販売されていました。ちなみに、このサービスルームとは、採光・換気などのために有効な大きさの窓の設置が必要といった建築基準法の基準を満たす「居室」（居住などのために継続的に使用する室）に該当しない、いわゆる納戸扱いのために、苦肉の策でこのような記載がなされています。なお、このA・B区画の3階建ての家は、どちらも2階にLDK、3階に寝室等になる部屋がありますが、トイレは1階にしかありません。不動産情報サイトを見ると、この物件以外でも、1階にし

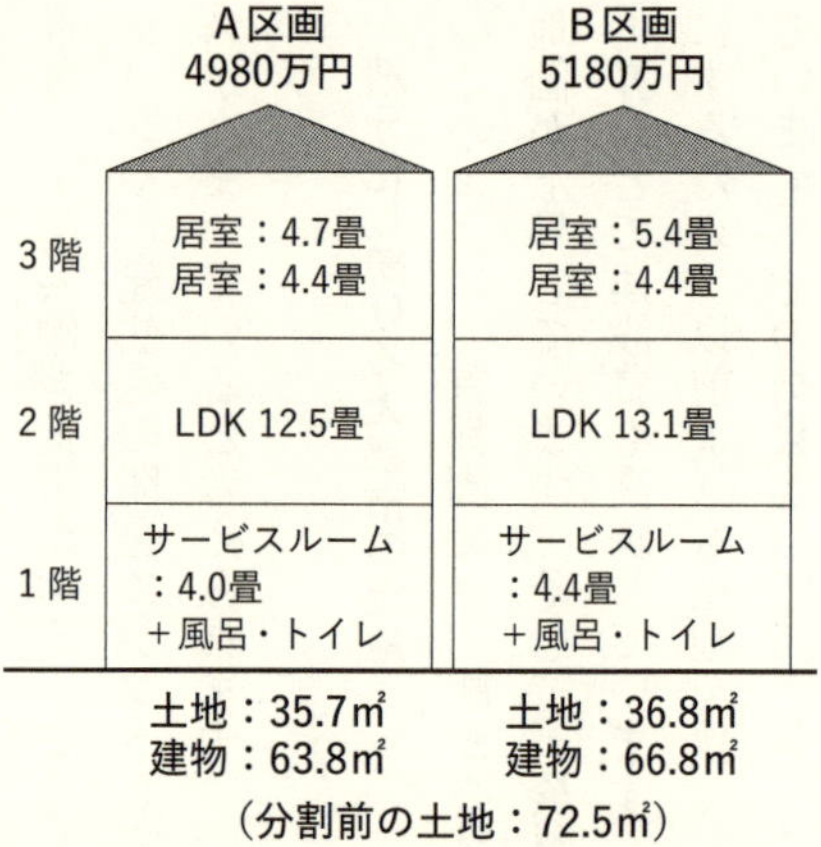

図表1-8　大田区の極狭小の建売住宅の例

かトイレがない極狭小の建売住宅が販売されています。

　この大田区の事例よりもさらに狭小の、土地が30㎡を切る事例を墨田区で見つけました。この事例は、分割前は60・3㎡だった土地を29・5㎡と30・8㎡に2分割。いずれも3階建ての2LDK＋サービスルームで、A区画は延べ面積64・8㎡・4080万円、B区画は延べ面積65・9㎡・4380万円で販売されていました。

　これらの事例のように、どの街でも土地を究極ともいえる30〜35㎡前後にまで細分化して新築住宅を建てることができると思われるかもしれませんが、実は自治体の都市計画で土地の細分化を防止する規制を導入しているところも多いのです。例えば、荒川区、足立区、世田谷区、杉並区では、土地を過度に細分化して、極狭小な建物を建てることができないよう、各区が建築基準法に基づく条例を制定し、最低敷地規模を60〜80㎡程度（各区や地区で規模は異なる）と規定しています。

　しかし、大田区や墨田区[5]では、地区計画という地区独自のルールを規定している区域（田園調布など）を除き、全域で最低敷地規模が定められていません。そのため、地価や建設費の高騰を背景に、土地はますます細分化され、将来、使いにくい土地や建物が生み出されることに歯止めをかけられていません。

将来、不良ストックになりかねない

では、なぜ、荒川区や世田谷区などでは最低敷地規模を規定したのでしょうか。

それは、まとまった空地が確保されずに建て詰まりが生じることで、周辺地域の採光・プライバシー・風通しなど居住環境への悪影響や、良好な街並みが阻害されることによる街の価値の低下といった問題が懸念されるからです。一方で、最低敷地規模を規定していない自治体があるのは、最低敷地規模を設定すると売却する時に分割ができず、土地が売りにくくなるといった地権者や不動産事業者等からの反対意見が想定されるため、自治体としてなかなか踏み出せないからだと考えられます。

確かに、図表1－8のような超ミニ開発でも、個々の建築物は耐火性能など現行の建築基準法等で定められている最低限の規定は満たして建てられています。しかし、隣家の窓に手が届くほど隣棟間隔が狭くなっているため、火災発生時、避難に支障が出たり、延焼の危険性が増すことが懸念されます。また、狭小住宅に多い半地下・地下室がある住宅の場合、適切な排水溝の清掃やポンプの定期的なメンテナンスを怠っていたり、停電でポンプが停止したりしてしまうと、豪雨の際に雨水・汚水があふれ出して床上浸水となり、その後、地下室がカビだらけになるといった問題も実際に生じています。
また、長期的に見ると、開発する時は隣り合った数棟をまとめて建設するため、工事の足場を共同で設置することができますが、将来、個々の建物で改修や建替えを行おうとする場合に、隣棟間隔や敷地間口があまりにも狭いために工事が困難になることや、隣接した建物への影響に配慮した解体方法をとらなくてはいけなくなるため、解体費が割高になることも懸念されています。

しかし、住宅建設業者からは「一般世帯に安く住宅を供給する、また購入者もそれを望むという需要があるから」、購入者からも「住宅価格が高騰していて手に入る住宅がないから仕方がない」といった声も聞かれます。

これは、現時点での買い手のニーズを見ているか、それとも街の将来を見ているかの違いと捉えることができます。ただ、住宅は、車や家電のように、いらなくなったら移動する、廃棄するということはできません。一度建つと、30～50年程度はそこに残り続けるのです。そして、もし50年後に、建物を解体して土地を活用しようとなっても、解体後の跡地があまりにも狭小なため活用方策が見いだせない土地を生み出すことにつながりかねません。

確かに地価が上昇しているところは10年前に比べて増えており、新築住宅の入手困難性も増しています。しかし「需要があるから」ということで、将来の不良ストック化が懸念されるような、土地の過度な細分化を許容することは、長期的な都市政策の面からはやはり避けるべきだと思います。

地価は安いが、災害リスクが高いエリアで人口が増えている

狭くても利便性が高いエリアに住むことを望む人がいる一方で、狭い住宅で我慢するよりも、もっと広い新築住宅にゆったり住みたいと考える子育て世帯も多いことでしょう。そして、いろいろな街に視野を広げて、手に届く価格帯で探していくと、地価が安めのエリアも選択肢となってくるでしょう。

ただ、こうした地価が安いエリアは、往々にして浸水リスクが高いエリアでもあります。

実際に、浸水リスクが高いエリアで人口が増加しています。筆者が、NHKの災害報道チームとともに「NHK全国ハザードマップ」をもとに分析したところ[6]、日本が人口減少局面に突入した2010年から2020年までの間に都市計画区域（都市計画法に

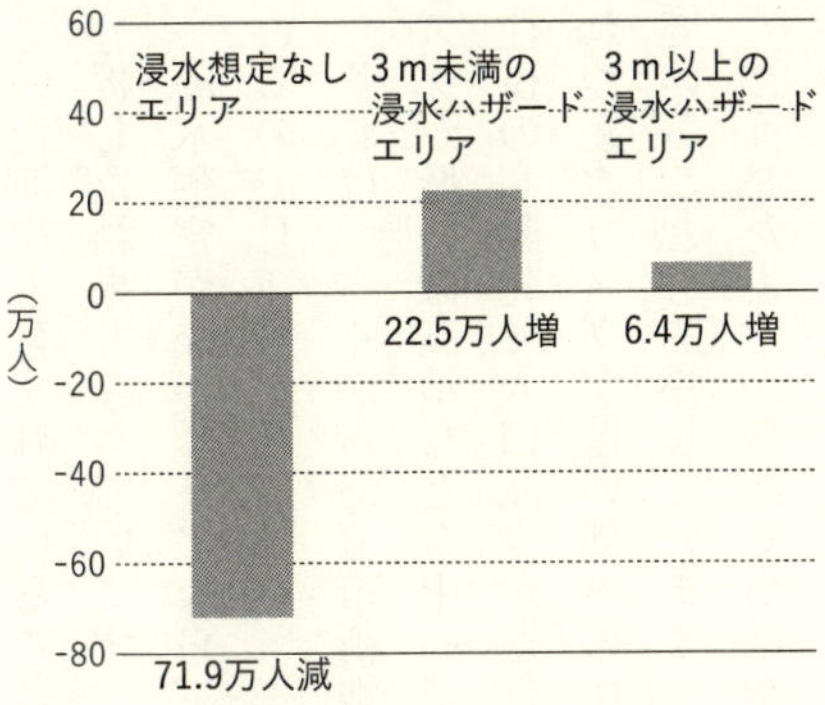

図表1-9　都市計画区域の浸水ハザードエリアの人口増減（2010-2020年）
※本分析では、中小河川は一部のみ含むが、内水氾濫は含まれていないため、「浸水想定なしエリア」に中小河川や内水の氾濫による浸水リスクがあるエリアは含まれている
データ出典：NHKが2022年6月に作成・公開した「NHK全国ハザードマップ」データ（2022年5月末時点で計2181河川収録）、国勢調査データ、国土数値情報の土地利用規制データをもとに筆者が分析

よる土地利用規制等を行う地域）では、浸水想定がないエリア（内水氾濫[7]は含まず）の人口は71・9万人減少しているにもかかわらず、浸水ハザードがあるエリアでは合計で28・9万人増加しているという結果が明らかとなりました（図表1-9）。特に、2階に避難したとしても浸水してしまうという3m以上の浸水ハザードがあるエリアでは、6・4万人の増加となっていました。

なお、「浸水想定がない」というのは、必ずしも「内水氾濫も含めて浸水リスクがない」という意味ではありませんが、本分析で使用した浸水想定区域のデータは、2022年5月時点で法律で浸水想定の策定が義務付けられていた132河川に加え、都道府県が独自で公表していた河川も含まれていることから、主要な河川の浸水想定はおおむね入ったデータで分析した結果となっています。[8]

浸水想定がないエリアなら、住みたいと思う人が多そうなのに、なぜ人口が減少しているのでしょうか。

それは、古くからある市街地や集落は、先人の知恵もあり、もともと地形的に浸水リスクが低い微高地などを中心にしたところが多いのですが、こうした古くからの街では住民の高齢化で人口減少が進行しているからです。また、大都市では、計画的に整備された浸水リスクが低い郊外の住宅地なども高齢化で人口減少の著しいところが多くなっていることも関係しています。

こうした古くからある街は空き家も増えているため、空き家を活用したり、建て替えたりすれば、浸水リスクが低いエリアの住民を増やすことも可能だと考えられがちです。しかし、遺品や気持ちの整理ができていない、相続でもめている、何から手をつけてよいかわからないといった事情を抱えた所有者が多く、空き家のままとりあえず置いておくケースが多いのです。その結果、その街に住みたいという人たちがいても、新たに人口の流入する余地がなかなか生み出されていかないのです。

江東デルタでの顕著な人口増

一方で、浸水リスクが高いエリアで人口が増加したのは、例えば江東５区（墨田区・江東区・足立区・葛飾区・江戸川区）など浸水リスクの高い低地に広がる大都市部で人口が増えたことが要因です。そこで、浸水リスクが高いにもかかわらず、どのような自治体で人口が増加したのかを分析しました（図表１-10）。

その結果、全国的に見て３ｍ以上の浸水想定エリア（想定最大規模）[9]で人口増が顕著な自治体の上位10のうち、台東区、江戸川区、足立区、北区、江東区、川口市、戸田市と、７つが利根川・荒川流域に広がる低地に位置する自治体となっていました。

順位	市区町村		3m以上の浸水想定エリアで増加した人口（2010－2020年）
1	東京都	台東区	1万8000人
2	埼玉県	川口市	1万4860人
3	岡山県	岡山市 北区	1万3980人
4	東京都	江戸川区	1万2820人
5	埼玉県	戸田市	1万2370人
6	東京都	足立区	1万 560人
7	東京都	北区	1万 320人
8	広島県	広島市 中区	1万 10人
9	東京都	江東区	9340人
10	広島県	福山市	9120人

図表1-10 浸水リスクが高いエリアの人口増加が顕著な自治体（想定最大規模）

データ出典：NHKが2022年６月に作成・公開した「NHK全国ハザードマップ」データ（2022年５月末時点で計2181河川収録）、国勢調査データ、国土数値情報の土地利用規制データをもとに筆者が分析

利根川や荒川流域には、「江東デルタ地帯」といわれるエリアを中心に海抜ゼロメートルの低地が広範囲に広がっているため、それぞれの自治体区域の大半を3ｍ以上の浸水想定エリアが占めているのです。

昔と今の航空地図を比較してみると、昔は工場や物流倉庫などがあった土地がマンションに変わっているところが多く見られます。つまり、時代とともに、工場や物流施設が海外や他地域に移転したり、廃業したりすることによって、多くの跡地が創出されてきた地域なのです。工場や物流施設はトラック輸送が基本であるため、道路網は重点的に整備されてきましたが、鉄道網はそこまで整備されてこなかったこともあり、比較的地価が安いところが多いと言えます。こうした跡地で多くのマンションが建設されていった結果、浸水リスクが高いエリアで人口が増加しているのです。

ここで浸水リスクが高い江東デルタ地帯において、なぜ新しい開発を規制できないのかという疑問が生じます。その理由は、農地エリア等に指定されていることが多い市街化調整区域と異なり、江東デルタ地帯には、すでに人口密度の高い市街化区域が連なり、人口規模も極めて大きいため、浸水リスクが高いからといって、新規の開発を大幅に抑制することが現実的に難しいからです。特に、日本では、私権の制限には高いハードルがあります。例えば、新たな開発を規制する区域を指定しようとすると、その区域指定の根拠となる浸水想定区域の技術的な精度が問われることになります。

また、近年、数十年に一度・１００年に一度と言われるレベルの大雨が毎年のように全国各地で発生するようになっていますが、その頻度が、それぞれの地域でどの程度かということを想定するのは非常に困難です。そのため、浸水リスクが高いというだけで、住宅の建設を禁止することは日本の法制度上、難しいのです。

とはいえ、河川改修や堤防整備などハードの整備を進めるには長い時間がかかりますし、水はどうしても低い方へ流れていくため、更に想定外の雨量が降った場合、大きな被害の出ることが懸念されます。そのため、こうしたエリアに対しては、人口増加に見合う防災対策をいかに行っていくかが重要となります。事前避難の体制づくりや受け入れ先の確保を具体的に進めるだけでなく、今後の新規開発においても垂直避難を可能とするスペースを各建物で確保できるようにするための誘導策や、長期間浸水が継続する事態についての具体的な対策の決定を加速していくことが必要不可欠です。

浸水想定がないエリアに居住できる余地はあるのか？

読者の中には、人口密度が低い郊外や地方都市の農地エリアなら、江東デルタ地帯のような人口密集エリアでもないし、すでに人口が減少し始めているのだから、わざわざ浸水リスクが高い区域で、これ以上新たな宅地開発を進める必要はないのではと思われる方も多いと思います。

しかし、大都市郊外や地方都市の自治体職員からは、「浸水リスクが低い市街地はそれなりに地価が高い。地価が安い宅地は子育て世帯に人気だから、リスクが高いからといってなかなか開発を止めることは難しい」といったことをよく言われます。

とはいえ、近年、地球規模の気候変動の影響もあり、日本全国で豪雨が増加しています。国土交通省の資料[10]によると、氾濫危険水位を超過した河川（国管理河川・都道府県管理河川の合計）は、２０１４年は83河川でしたが、年々増加傾向にあり、２０１８年には４７４河川と5倍以上も増えているのです。こうした状況もあり、近年、もともと農地だったところを宅地開発したエリアで、甚大な浸水被害が増えています。

例えば、令和元年（２０１９年）東日本台風で荒川水系の越辺川《おっぺ》（一級河川）が氾濫し、川越市の特別養護老人ホームが水没。懸命に救助活動をされていたニュースは記憶に新しいと思います。このエリアは農地が多い市街化調整区域で、以前、行われていた規制緩和（２０１１年９月末で規制緩和廃止）によって局所的に宅地化が進んだ場所もあり、地域全体が広範囲に浸水しました。

気候変動の影響をふまえた国の予測[11]では、今後、日本の南海上において台風の出現頻度が高まる、台風の通過経路が北上する、短時間豪雨の発生回数と降水量がともに増加することなどが指摘されています。

また、令和元年台風では、多摩川が氾濫して武蔵小杉のタワーマンションに被害がありましたが、利根川は氾濫せず事なきを得ました。ただ、実は利根川の水位は、埼玉県幸手《さって》市のすぐ近くの観測所では氾濫危険水位を超えていて、極めて危険な状況だったのです。運よく雨の降る場所が少し逸れたこともあり、何とか越流も破堤もせず乗り切ったぎりぎりの状況でした。ですので、堤防の整備が進められているから安心という状況ではないことがわかります。

こうした気候変動や本格的な人口減少をふまえると、やはり地価が安いからといって浸水リスクの高い農地等をつぶしてまで、これ以上、「新規に」宅地を開発することは控えるべきです。しかし、そうしたことを発言すると、自治体から「浸水リスクが高くても郊外の農地での宅地開発を許容しないと、周辺の自治体に人口が流出してしまう」と言われることがあります。

そこで、大都市郊外や地方都市では、浸水リスクが低いエリアだけでは新たな人口を受け入れるキャパシティが足りないのだろうか？　と疑問に思い、市町村別に浸水リスクがない市街化区域と3m以上の浸水想定がある市街化調整区域の人口増減について分析[12]してみました。

その結果、例えば、川越市、甲府市、岡山市、倉敷市、福山市、熊本市などでは、2010～2020年の間に、市街化区域の浸水想定がないエリアの人口減少分の方が、市街化調整区域の3m以上の浸水想定があるエリアの人口増加分よりも多いことがわかりました[13]。つまり、諸般の事情を度外視して純粋に数字だけを見れば、昔から整備されてきたような浸水想定がない市街地において増加する空き家や空き地等を活用すれば、新たな宅地開発を誘導できた可能性もあったと考えられるのです。

とはいえ、自治体職員や不動産業者からは、「人口が減少していて、もうこの街には開発需要がないのだから、わざわざ新たな土地利用規制は必要ないんですよ」とも言われます。そこで研究者として、こうした自治体を説得できる材料はないのだろうかと考え、国立研究開発法人　土木研究所の水災害・リスクマネジメント国際センターの皆様から多大なご協力を頂き、私のゼミの卒論生とともに、浸水リスクが高い農地を宅地化することによる影響を分析[14]してみました。

その結果、農地の宅地化を続けると、農地が持つ雨水の貯留機能が失われていくため、その地域の内水氾濫リスクを高めるだけでなく、降雨量や地形等によってはさらに広範な地域の内水氾濫リスクを高める危険性のあることが明らかになりました。

つまり、地価が安いからという理由で、浸水リスクが高いエリアの農地をつぶしてまで宅地開発を続けることは、自分たちの街全体の内水氾濫のリスクを高め、その対策のために更なるインフラ整備費がかさむことも懸念されるのです。確かに、地価の上昇などにより住宅価格は高騰し、入手困難になっていますが、災害リスクが高いエリアで安易に新築住宅をつくり続けてよいのか、長期的視点から真剣に考えるべきです。

固定資産税収入が増加した自治体が抱える問題

ここまでは、地価の上昇による副作用を見てきましたが、もちろん地価が上昇するメリットもあります。

地価が上昇すると、個人としても保有する不動産の資産価値が増加することになります。ケース・バイ・ケースですが売却益が出れば、住宅の買い替えなどの選択肢が増える面もあります。

また、地価が上昇すると、固定資産税収入のある自治体や資金調達のため不動産を担保とする企業、不動産の転売を目的とする投資家にもメリットがあるでしょう。特に、固定資産税は税収に占める割合が高いため、税収難の自治体にとって、新規の開発や再開発は、大いにメリットがあるとこれまで考えられてきました。

実際、全国の2022年度の固定資産税収入[15]は、10年前（2012年度）の1・11倍になり、8155億円の増収となっています。政令指定都市（合計）は1・14倍、中核市（合計）は1・47倍、施行時特例市（合計）は0・63倍でした。2022年度の東京23区内の固定資産についての東京都の固定資産税収入[16]は10年前（2012年度）の1・24倍になり、2700億円増加しました。23区内の固定資産は東京都が都税として課していますが、23区内の固定資産税徴収額が最も増加したのは中央区と渋谷区で10年前の1・35倍でした。

それであるならば、どんどん新たな再開発を喚起して地価を上昇させればよいのではないか？　とも考えられます。しかし、需要があるからということできちんと計画をしないまま開発を許容していくと、地域に様々な影響を与え、税収増のメリットを上回るレベルで、後追い的に生活インフラの整備などへの税投入を余儀なくされるという事態も引き起こします。

実際に、再開発に伴うタワーマンション建設などが続き、小学校の教室が圧倒的に不足するという問題は多くの地域で起こっています。例えば、東京都中央区は、再開発でタワーマンションが大量につくられ続けている自治体です。そのため、これまで、通学区域の見直しが相次いで行われてきました。その中で、月島第一小学校は、２０２３年時点で20クラスが上限のところ、10年後には１・６倍の最大32クラスが必要になると見込まれるということで、通学区域の見直しや月島第一小学校の建替えを検討することが区議会の区民文教委員会で示されています。[17]

また、さいたま市の武蔵浦和駅周辺でも、駅前再開発によるタワーマンション建設が続き、子育て層が流入して小学校の教室不足が深刻化しています。これはＮＨＫの番組[18]でも詳細に取り上げられていましたが、児童数が１２００人余りとなったさいたま市立浦和別所小学校では、校庭の一部に仮設校舎を建設して急場をしのいでいるものの、全校児童数に見合う校庭の広さがないことから、学年ごとに校庭で遊べる曜日を決めるという対応をせざるを得なくなっています。その結果、子どもたちは週2回しか校庭で遊べないという状況が続いています。今後も児童数の増加が見込まれることから、さいたま市は、新たに小中一貫校（2028年度開校予定）の建設を決めました。このエリアにはまとまった土地がないということで、流れるプールやウォータースライダーがあり、これまで市民に親しまれてきた沼影公園を廃止して解体し[19]、その跡地に新しい学校を建てることが決まりました。

さいたま市の予算編成方針（2023年9月）によると、2024年度の歳入額は、人口増加で市税収入が増加し、6740億円が見込まれていますが、公共施設整備にかかる建設費の増加が影響し歳出は7062億円と、322億円もの財源不足となる見通しとなっています。市の貯金に当たる財政調整基金は2022年度末の残高が376億円で、2024年度は171億円を取り崩す予定[20]となっています。

このように急激な人口増加は、市税収入の増加が見込まれたとしても、財政状況を上向かせるとは、一概に言えなくなっています。

後追いの公共投資で財政赤字リスク

もう一つ、人口増加によってではなく、ホテルやコンドミニアムなどの開発ラッシュによる固定資産税収入の増加があった倶知安町の状況を見てみましょう（写真１－１）。

写真1-1　倶知安町の森林地域でのホテル建設ラッシュ

この10年の地価上昇率が最も高かった倶知安町は、パウダースノーで有名な北海道のスキーリゾートとして、外国資本からの投資により旺盛な観光開発が続いています。その結果、人口１万５０００人弱の小さな町ですが、固定資産税収入は、２０１２年度に９・３億円だったのが２０２２年度に20・２億円となり、２倍以上にまでなりました。

ここまで聞くと、さぞかし町民への行政サービスも向上したのではと思われるでしょう。しかし、現実は、ホテルやコンドミニアムの開発ラッシュで上水道の供給量が不足してしまい、大型の公共投資を余儀なくされるという事態に陥っています。

「倶知安町水道事業ビジョン」（２０２１年11月）によると、今後、１日の最大給水量は約１・５倍の値まで大幅に増やさなくてはならないと推計されています。そのため、町は新たな井戸の掘削、水道施設の拡張や、６㎞以上も先にあるリゾートエリアまでの水道管の敷設などに多額の事業費が必要になっています。その他にも、スキー場の駐車場の再整備、北海道新幹線関連事業、厚生病院の改築、新庁舎建設といった大型事業も多く抱えています。

町による財政シミュレーション（２０２２年３月）によれば、財政の実質収支は、今後、赤字（歳出超過）となり、その後も赤字は増加していくおそれのあることが明らかになりました[21]。また、リゾートエリアに対応した上水道整備のコストだけでなく、既成市街地などの老朽化した水道管の更新や老朽化した取水施設の改修の事業費も必要になってくることから、このままの水道料金では水道事業の支出が収入を上回る赤字に転落するおそれが出てきています。そのため、「倶知安町水道事業ビジョン」（２０２１年11月）には、２０２７年以降に水道料金の改定を実施する予定と記載されています。

倶知安町と同じように観光産業が主要産業の一つとなっている石垣島でも、リゾートホテル開発の需要が高く、この10年、全ての調査地点で地価が上昇しています。リゾートホテル等の開発計画は、２０２３年9月時点で相談中を含め二十数件あり、その約半数を占める北西部地域の水資源には限りがあることから、一部の開発事業者に送水管の縮小化などの制限を加えることで対応[22]しています。石垣市の担当課の方にお伺いすると、リゾート開発エリアの水資源確保のために多大な公共投資を行うのではなく、市民等への影響がないような形で、市の水資源のキャパシティに応じて新規ホテル等の開発を受け入れていく方向とのことでした。

高度経済成長期で、経済が右肩上がりで人口も増えている時代であれば、不足するインフラ整備を行いながら、新規の企業・産業・観光・住民のための開発に力を注いだとしても、それが住民の生活インフラ維持のための税負担に大きく影響することは少なかったと思います。

なぜなら、インフラの大半がまだまだ新しかったからです。しかし今は、これまで長年つくってきた街にある、老朽化したインフラや公共施設の更新や統廃合にかかる税負担がプラスされるのです。新規投資と更新コスト、そしてそこに住まう市民への行政サービスの質を同時並行で考えていかざるを得ない時代となっています。

つまり、旺盛な再開発や観光開発で地価が上昇し、税収が増加しても、その税収は、新規開発エリアに必要となってくる後追い的な公共投資に回さざるを得なくなり、実際に暮らす市民に対する行政サービスの向上に税金を投入する余裕がなくなってしまうというリスクにも目を向けるべきです。新しい開発と古くなったインフラの更新とのバランスのあり方を、個々の分野ごとに検討するのではなく、都市政策全体の主要な論点とすることが必要不可欠です。

観光開発のスプロールの罪

もう一つ、筆者が非常に問題だと感じていることがあります。それは、近年、観光開発のターゲットになっている風光明媚な森林地域などには、都市計画法に基づく土地利用規制がないに等しいエリアもあり、こうしたエリアでは開発において、インフラのキャパシティや景観、災害対策などの観点に立った適切なコントロールのできていないケースが少なくないことです。特に、観光開発で狙われるエリアは市町村の規模が小さく、都市計画や開発許可などの専門的な業務経験のある職員が少ない、あるいは全くいないところも多いのです。そのため、観光開発が無秩序に広がっていくことに対して、適切な開発の規制・誘導もできておらず、その結果、後追い的なインフラ整備が必要になる事態や、森林資源や水資源への影響が懸念される事態も引き起こされています。それが結局、まわりまわって住民の負担増につながっているところも出てきています。

さらに、開発ラッシュでつくられたホテルや観光施設が、時を経て人気がなくなり経営が行き詰まった場合、長期間、管理されることなく放置されることも少なくありません。そうした事態に歯止めをかける法制度が全くないことも大問題です。

近年、50年以上前につくられたホテルや旅館が、長期間放置されて廃墟となり、それがあまりにも危険だということで、行政代執行など税金で解体を行うケースが多く出てきています。しかし、こうした状態になった建物は、たいがい法人が倒産・解散していてすでに実体がないことや、所有者が不明であることが多く、行政代執行にかかる費用の回収もできていないケースが多いのです。つまり、企業は儲けるだけ儲けて、儲からなくなった後は放置し、その解体費はみんなの税金で何とかする事態となっています。

あらゆる建物は、耐用年数を過ぎた「終末期」に問題が発生することは明らかなわけですから、少なくとも解体費が莫大にかかる大規模建物をつくる場合には、解体費を積み立てるなど、将来世代に多大な負担を押し付けないような法整備が必要不可欠だと思っています。筆者自身、国土交通省の委員会などでもこの点をかなり強く主張してきました。しかし残念ながら、こうした法整備は成長の足かせだといった反対が経済界から出るためか、積極的に取り組もうとする政党や政治家も少ないのが現状です。また様々な省庁にまたがる問題でもあるため、本格的に法整備をしようという流れになかなか向かわないのです。

第1章では、この10年の地価変化を読み解く中で、地価の上昇には良い点もあるものの、それによって様々な問題が生じていることを述べてきました。そして、近年、地価の上昇だけでなく、住宅の入手困難化・高コスト化も進行しています。次章では、今、なぜ、家が手に入りにくいのかを具体的に見ていきましょう。

●注

1 本章の地価データは、公示地価よりも調査地点が多い都道府県地価調査（毎年7月1日時点）をもとにした。

2 国土交通省の都市計画現況調査（令和4年3月31日）、及び総務省統計局の人口推計（令和4年3月報）による。

3 東京都都市整備局ウェブサイト「都市施設整備再開発事業」https://www.toshiseibi.metro.

tokyo.lg.jp/bosai/sai-kai_02-2.htm、及び東急不動産ウェブサイト「東京都市計画事業泉岳寺駅地区第二種市街地再開発事業 特定建築者の業務に関する基本協定書を締結」https://www.tokyu-land.co.jp/news/2021/000630.html などによる。

4 「不動産の表示に関する公正競争規約（表示規約）」により、徒歩1分が80ｍに相当するものとして計算するため、徒歩圏内とは10分に相当する８００ｍ圏内とした。なお、地形は考慮していない。

5 墨田区では、景観法に基づく景観形成基準により、開発行為に対し、良好な景観を形成するため、建築物の敷地面積の最低限度を60㎡に定めている。しかし、都市計画法に基づく開発行為は５００㎡以上が対象であり、本稿のような超ミニ開発では対象外となっている。

6 国土交通省・都道府県から提供された洪水浸水想定区域及び想定される浸水深をもとにＮＨＫが２０２２年６月に作成・公開した「ＮＨＫ全国ハザードマップ」データ（２０２２年５月末時点で計２１８１河川収録）、国勢調査データ、国土数値情報の土地利用規制データをもとにＧＩＳ（地理情報システム）で分析。中小河川は一部、内水氾濫は入っていない。５００ｍメッシュの浸水想定区域内人口は、面積按分等で算出。分析方法等の詳細は、野澤千絵・上田聖也・柿沼太貴「最大想定規模の浸水想定区域における土地利用規制別の人口推移と居住誘導に関する研究―ＲＲＩモデルによる農地の宅地化に伴う貯留機能低下の影響分析を通じて」（都市計画報告集第21巻４号、日本都市計画学会、２０２３年）を参照。

7 内水氾濫とは、下水道等の排水能力以上の雨が降った時や、その排水先の河川の水位が高くなった時等に、雨水が排水できなくなり、下水道や水路等から雨水があふれだして浸水する現象のこと。

8　その後、国・都道府県等が浸水想定区域の作成・公表をした河川が増えているため、実際は図表1-9の浸水ハザードエリアにおける人口増の数値は更に多くなっている可能性がある。

9　「想定最大規模」とは、1000年に1回程度の降雨規模を想定したもの。これは1000年毎に1回発生する周期的な降雨ではなく、1年の間に発生する確率が1／1000（0・1％）以下の降雨で、毎年の発生確率は小さいが、規模の大きな降雨であることを示している。

10　国土交通省　社会資本整備審議会河川分科会　気候変動を踏まえた水災害対策検討小委員会資料4「気候変動の影響について」（令和元年11月22日）

11　気象庁気象研究所記者発表資料「地球温暖化で猛烈な熱帯低気圧（台風）の頻度が日本の南海上で高まる」（2017年）、および国土交通省「気候変動を踏まえた治水計画に係る技術検討会」資料（平成30年5月11日）

12　野澤千絵・上田聖也・柿沼太貴「最大想定規模の浸水想定区域における土地利用規制別の人口推移と居住誘導に関する研究－RRIモデルによる農地の宅地化に伴う貯留機能低下の影響分析を通じて」、都市計画報告集第21巻4号、日本都市計画学会（2023年）

13　本分析では、各地域を500m四方に区切ったメッシュと呼ばれる単位をもとに、各メッシュを増加メッシュと減少メッシュに分けて人口増減幅（2010－2020年）を集計した。その理由は、調整区域や非線引きで区域全体の総和で分析すると、浸水ハザードが高いエリアにある農地等での新規宅地開発等による人口増加分が、中山間地域などの過疎地域の大幅な人口減少分で打ち消され、居住誘導の余地の実態を適切に捉えられないためである。

14　川越市以西の越辺川・入間川・都幾川・小畔川が合流した区域を対象に、市街化調整区域の農地が全て宅地化したと想定し、令和元年東日本台風と同等の雨量が降った場合の河川の最大浸水深の変化を降雨流出氾濫モデル（ＲＲＩモデル）により解析。詳細は、補注12の論文に記載。

15　各年度の総務省の市町村別決算状況調による。

16　各年度の東京都の都税調定収入状況（決算額）による。

17　中央区議会議員の高橋元気氏の公式ＨＰ（２０２３年９月８日）より（２０２４年５月４日アクセス）https://www.genki-takahashi.com/2023/09/08/kumin-3/

18　ＮＨＫ「クローズアップ現代」、「再開発はしたけれど　徹底検証・まちづくりの〝落とし穴〟」（２０２３年11月21日）

19　ＮＨＫさいたま放送局ウェブ記事「〝沼影市民プール〟閉鎖？ なぜ さいたま市」（２０２３年９月29日）

20　東京新聞ウェブサイト「さいたま市　財源不足３２２億円見込み　24年度予算編成方針」（２０２３年９月13日）、および「さいたま市24年度予算案　一般会計、初の７０００億円超総額 過去最大１兆１８１６億円に」（２０２４年２月３日）

21　ＮＨＫ「クローズアップ現代」、全記録ウェブサイト、「バーゲン・ジャパン 世界に買われる〝安い日本〟（１）不動産」（２０２２年７月26日）

22　石垣市市議会 令和５年９月定例会９月13日議事録

第2章

今、なぜ、
家が手に入りにくいのか?

庶民にはもう買えない

近年、大都市都心や駅近の物件を中心に、住宅価格が庶民には買えないほど、高騰しています。

ニュースでは数億円以上という現実離れした価格が取り上げられているものの、実際のところ、どの程度、高騰しているのでしょうか。不動産経済研究所や公益財団法人不動産流通推進センターによるデータ等に基づきながら具体的に見てみましょう。

まず、首都圏と大阪府の新築マンション価格（図表２－１）は、２０２３年の平均価格で神奈川県６０６９万円、都下（23区以外）は５４２７万円、埼玉県・千葉県・大阪府４０００万円台と、10年前に比べて１・３～１・４倍の上昇でした。一方で、東京23区だけは、２０２３年に10年前の2倍近くの１億１４８３万円となっていました。

ただし、東京都心では、再開発等によって新規に供給された住宅には、1戸あたり数億円～数十億円もの富裕層向けの価格帯のものが含まれ、それが平均価格を大きく押し上げている面もあります。

そこで、東京23区の新築マンション価格の中央値（データを大きい順に並べた時の中央

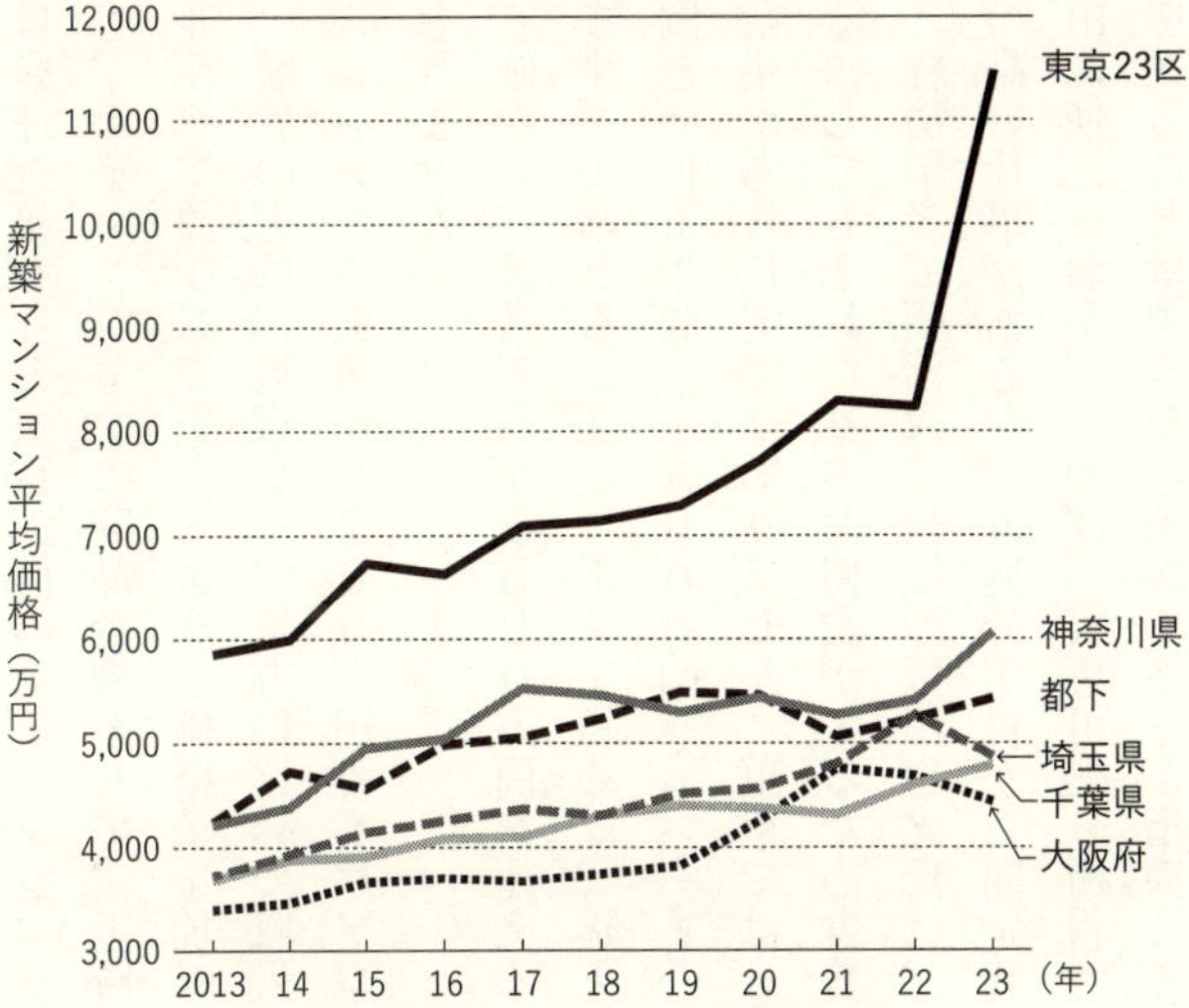

図表2-1　大都市圏の新築マンション平均価格の推移

データ出典：不動産経済研究所「全国マンション市場50年史」（2023年）、及び各年の「全国マンション市場動向」をもとに作成

の値）[1]を見てみると、2013年は5180万円でしたが、2023年には1・6倍の8200万円となっていました（図表0-1）。また、専有面積の中央値は、2013年は71・1㎡でしたが、2023年には68・42㎡と少し狭くなっていました。

　新築マンション価格の中央値が上昇しているのは、地価や建設費の高騰、富裕層や外国人の購入意欲の高まりだけでなく、昔に比べて共働き世帯が増えたこともあります。それなりの世帯収入があるパワーカップルには職住近接となる東京23区の新築マンションの需要が高いこともあり、デベロッパー側も、新築マンションの商品企画として、近隣の中古マンションの価格帯とパワーカップルがペアローンで買えるような価格帯を加味して設定している面も見え隠れします。

読者の方は、東京なら、地方に比べて収入の高い世帯が多いので、東京23区の新築マンションの中央値が８２００万円でもペアローンなら買えるのでは？　と思われるかもしれません。

確かに、世帯年収が１５００万円を超えるようなパワーカップルも増えているといいます。夫婦ともに住宅ローンを組めば、購入可能な価格帯は高くなります。しかし、共働きで世帯年収が１５００万円であっても、「東京」に住むとなると、そこまで家計に余裕がある状況ではありません。東京ではスーパーに並ぶ食材も高く、ちょっと外食するにしてもそれなりのお値段がするため食費はかさみます。

経済学者で明治大学教授の飯田泰之氏は、東京・大阪などの大都市圏には確かに収入の高い仕事があるが、可処分所得から固定費（食費・住居費・水道光熱費等）を除くと自由に使えるお金、いわば「実感可処分所得」が少なくなるため、実はあまり豊かな生活を送ることはできない地域であると指摘[2]しています。

国土交通省が「都道府県別の経済的豊かさ」として試算した興味深いデータがあります。このデータでは、中央世帯（都道府県ごとに可処分所得の上位40〜60％の世帯）の可処分所得や基礎支出（食料費・住居費・水道光熱費）を試算[3]しています。その結果、可処分所得が高いのは富山県、次いで福井県、東京都、茨城県、香川県となっています。また、基礎支出が高いのは、東京都、次いで神奈川県、埼玉県、千葉県、京都府となっており、1都3県が上位4位を占めています。

先ほどの「実感可処分所得」として見ると、東京都は47都道府県中42位となっています。東京には高い収入を得られる仕事がある一方で、生活に最低限必要となる固定費も高いため、一般的な世帯は経済的に豊かとは言えない面があるのです。ちなみに、「実感可処分所得」のワースト1は沖縄県、次いで青森県、長崎県、大阪府、大分県でした。

さらに、固定費以外にも、「東京的ライフスタイル」の費用もかかってきます。例えば、子育て世帯は、周囲の家庭がこぞって子どもを様々なお稽古に通わせていて、中学受験に非常に熱心な小学校区も多く、周りと同じようにお稽古事や進路を選択する場合にはそのための月謝や塾代が相当かさみます。東京都内の多くの私立中学の入試がある2月1日は、クラスメートの大半が受験のためにお休みしているといった小学校も多く存在します。筆者も東京で子育てをして実感したのですが、東京には、お稽古事にしろ、塾にしろ、第一線の講師陣に直接学べる機会も身近に多く、子どもの将来のためなら……と、ついあれこれ習わせたいと思ってしまう親心もわかります。

また、関西に比べて人口が多い割に自宅から通える距離に国公立大学が少なく、その分、有力な私立大学が多いこともあり、大学の学費が高いなど、教育費の負担が大きくなりがちです。

こうしたこともふまえると、たとえパワーカップルであっても、東京23区の新築マンションは、日々の生活費や教育費に加え、月々に必要なマンションの維持管理費や修繕積立金のことを考えると、そうそう容易に手を出せるレベルではなくなっていると言えます(図表0-1)。

では、地方の主要都市(札幌市、名古屋市、仙台市、広島市、福岡市)の新築マンションはどうなのでしょうか。

全体的に見て、札幌市を除くと首都圏ほどの上昇率はなく、2023年でおおむね4000万円台、10年前に比べて1・1~1・2倍程度上昇といった状況でした(図表2-2)。

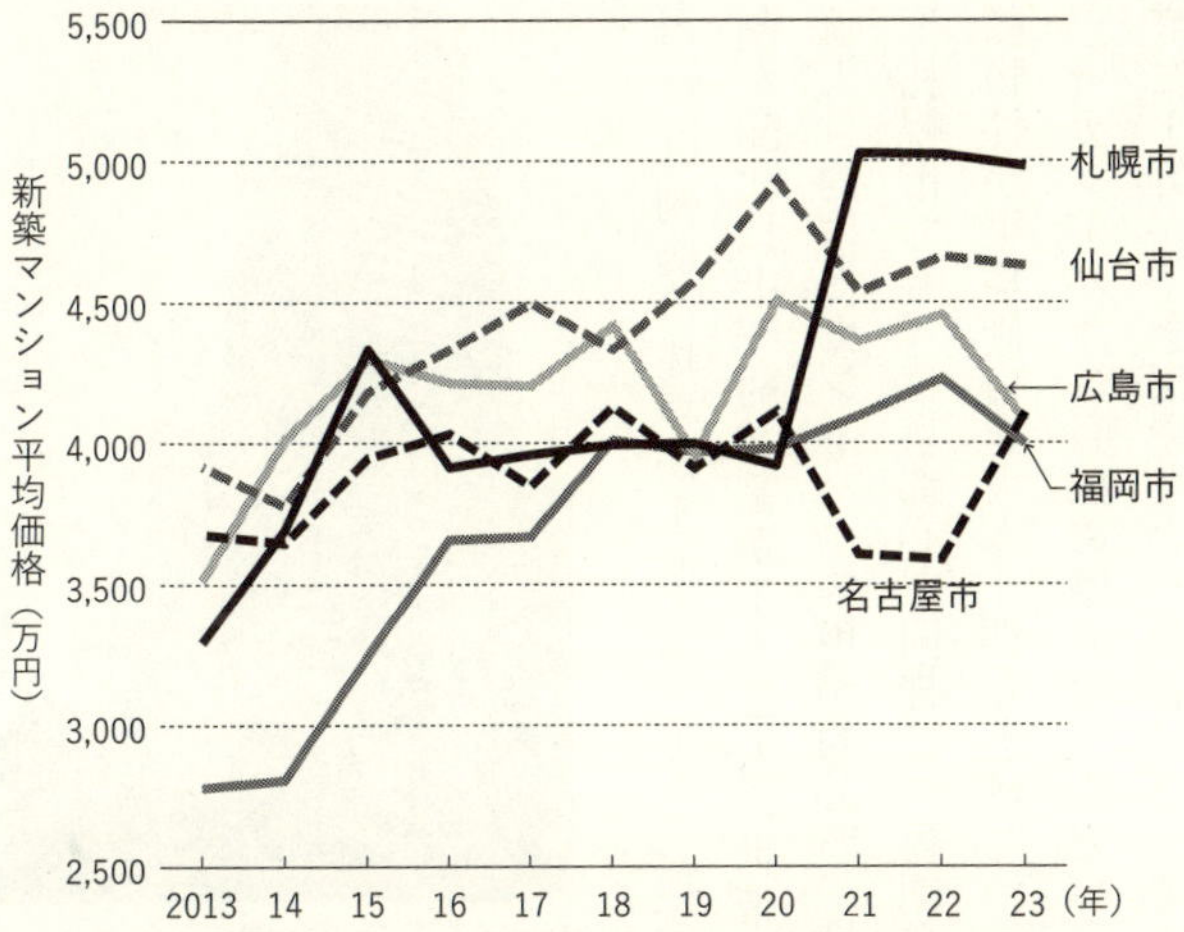

図表2-2　地方主要都市の新築マンション平均価格の推移

データ出典：不動産経済研究所「全国マンション市場50年史」（2023年）、及び各年の「全国マンション市場動向」をもとに作成

ただ、札幌市は、２０２１年、２０２２年と平均価格が５０００万円台、２０２３年も４９８０万円となり、２０１３年の３２９２万円の１・５倍と、地方都市の中でも最も上昇が著しい状況となっています。

札幌市は、第１章で述べたように、他の都市と異なり地価上昇地点が都市周辺部にまで広がっていましたが、こうした地価上昇とともに、北海道新幹線の延伸が予定されており、オリンピック誘致計画があったこともあり、札幌駅周辺に林立したタワーマンションで供給された高額物件の出現も影響しているものと考えられます（写真２－１）。

写真2-1　札幌駅周辺で増えるタワーマンション

例えば、「北８西１地区第一種市街地再開発事業」によって、地下鉄さっぽろ駅直結のタワーマンション「ＯＮＥ札幌ステーションタワー」（全６２４戸）が２０２３年12月に竣工しました。大和ハウス工業[4]によると、販売価格が５１６０万円から５億円（平均坪単価は約４００万円）、３割弱の住戸が１億円以上で、最高抽選倍率は15倍でした。また、購入者は約７割が50代以上、約８割が１～２人の世帯、約４割が北海道外（主に首都圏）の居住者、購入目的はセカンドハウス用が約35％、投資用が約30％、実需が約35％だったそうです。

札幌市でも、東京都心と同様に、再開発等によって新規に供給された富裕層向けの高額物件が平均価格を大きく押し上げていることがわかります。それだけでなく、約35％がセカンドハウス目的の購入だったということは、札幌の拠点エリアが、日常的には３軒に１軒が空き部屋という状態になっているということです。また、竣工後、半年経った時点で複数の不動産情報サイトを見てみると、販売中や賃貸募集中の住戸も非常に多い印象となっています。

こうした状況が都市の拠点エリアで起きている実態を見るにつけ、これが、「公共性」があるということで様々な優遇措置や補助制度を活用できる市街地再開発事業で生み出すべき住宅なのかと、疑問に感じてしまうのは私だけでしょうか……。

新築マンション供給は10年前から半減

新築マンションの価格が高騰している理由として、首都圏や近畿圏では、明らかに新築マンション供給の「数」が少なくなっていることが挙げられます（図表2-3）。特に、首都圏は10年前に比べて半減しています。

例えば、東京23区では、2013年は2万8340戸でしたが、2023年には1万1909戸となっており、10年前に比べて新築マンションの供給は6割近くも減少しています。特にバブル経済の崩壊やリーマンショックで経営体力の乏しかったデベロッパーが淘汰され、生き残ってきた経営体力のあるデベロッパーは、そこまで売り急がなくても大きな支障がないことから、エリアによっては新築マンションの価格競争が起きに

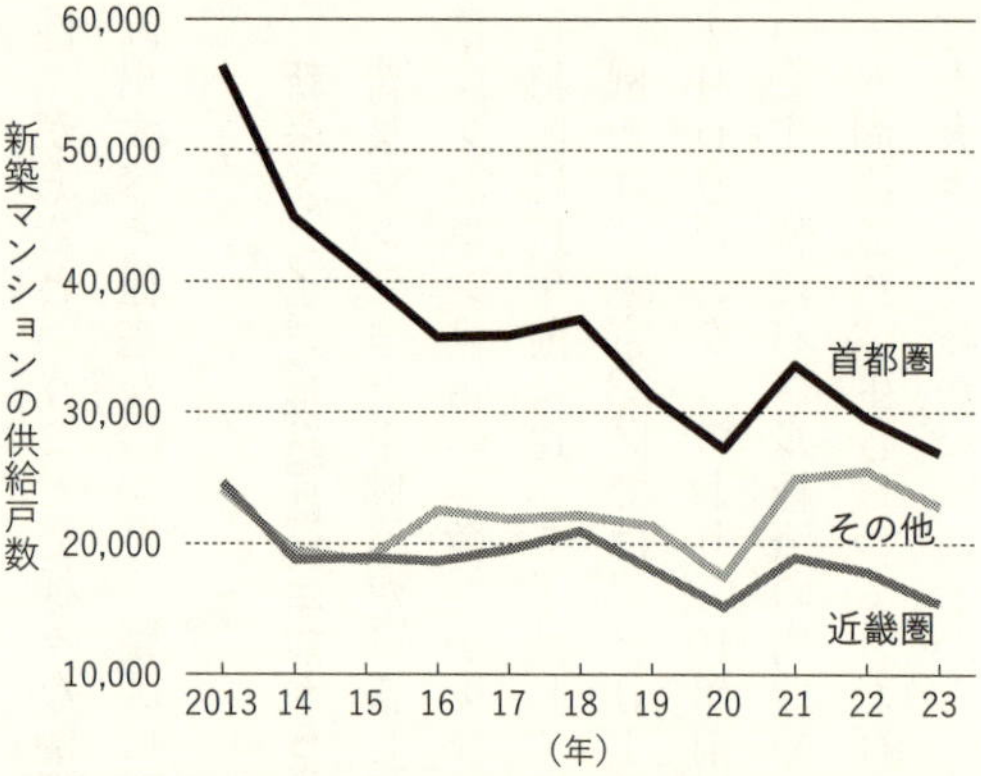

図表2-3　新築マンションの供給戸数の推移
データ出典：不動産経済研究所「全国マンション市場50年史」(2023年)、及び各年の「全国マンション市場動向」をもとに作成

くなっている可能性もあります。

さらに近年、新築・中古マンションいずれも、日本の不動産は、グローバルな不動産市場や円安の影響もあり、「お買い得」な投資先として、外国人による購入が旺盛になっているという話をよく耳にするようになりました。

日本不動産研究所の「第22回国際不動産価格賃料指数（2024年4月現在）[6]」によると、東京都港区元麻布のハイエンドクラスのマンション価格（1戸の専有面積あたりの分譲単価）を100とすると、香港268・2、ロンドン207・5、台北165・6、上海165・6、ニューヨーク144・6、シンガポール140・2となっています（図表2-4）。つまり、東京の元麻布にある高級マンションは、香港やロンドンの５割以下の価格で買えるということで、確かに割安感を感じる状況にあります。

また日本は、他国のように国籍・永住権などによる不動産取引の制限がなく、社会的な状況も安定しており、商取引もきちんとしているため不動産取引のトラブルのリスクなどが低く、安心できる投資先と言えます。

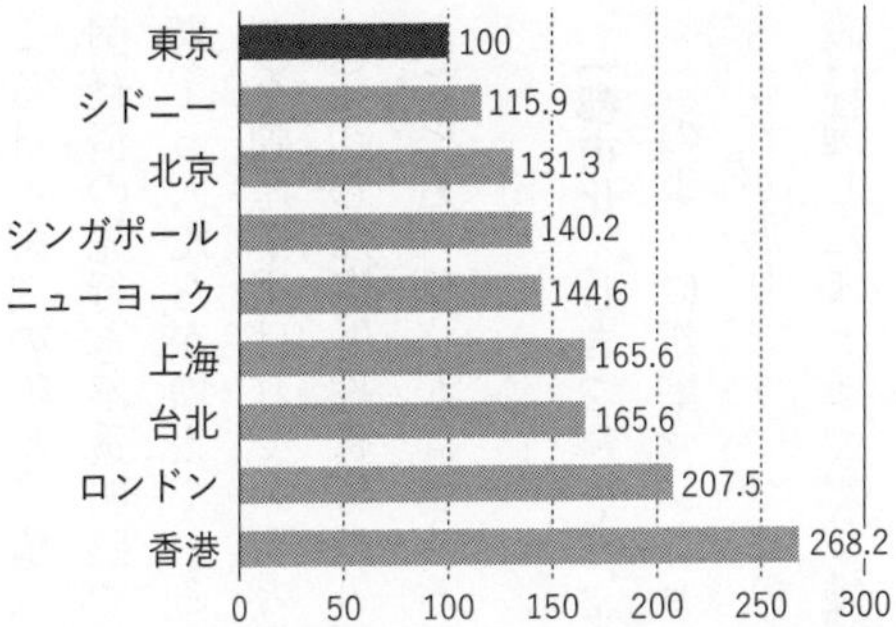

図表2-4　マンション（ハイエンドクラス）の価格水準の国際比較（2024年４月）

※港区元麻布のハイエンドクラスのマンション価格（１戸の専有面積あたりの分譲単価）を100とした場合の各都市との比較指数。価格時点において現地通貨等で評価したものをその価格時点で円換算のうえ指数化している

データ出典：一般財団法人日本不動産研究所「第22回国際不動産価格賃料指数（2024年４月現在）」の調査結果をもとに作成

加えて、昨今の地政学的リスクの高まりもあり、外国人が投資先として安全で安定した日本に資産を向けようとする動きがあります。マンションではありませんが、台湾資本の銀行関係者から、熊本県の菊陽町に工場を建設した台湾の半導体企業・ＴＳＭＣも、台湾有事を見据えた外国への資産移転が背景にあると伺ったことがあります。また、中国人に

よる日本国内の不動産購入が増加していると言われていますが、その背景としても、中国経済の先行き不透明感や地政学的な緊張から、中国国外に資産を移転しておきたいと考える人たちが増えていることがあり、その選択肢の一つとして、安全で安定した日本の不動産が選ばれていると言われています。

こうした海外投資勢や外国人の富裕層~中間層が日本のマンション購入に参戦してきたことも、価格が高騰する要因の一つとなっているのです。

「都市化」しきったことによる開発余地の減少

このように新築マンションの数が少なくなった要因には、「開発余地」が減少していることがあります。つまり、時代を経るとともに都市化しきってしまい、マンション建設に適したまとまった敷地規模が少なくなったということです。

これまでは東京23区などでも、1980年代以降からの産業構造の変化や工場等の相次ぐ海外移転により、大規模な開発のできる跡地が生まれていました。しかし、バブル崩壊で不良債権となった多くの土地の開発も一巡し、大規模な跡地やマンション用地になるような敷地規模の空き地等は開発しつくされ、現在の都市部はいわば都市化しきった状況となっているわけです。特に、インバウンドや円安を背景に、ホテル用地などの需要が増えたことで、住宅以外の用途のための土地取得と競合し、それによりさらに地価が高騰し、マンション用地の確保が難しくなっていることもあります。

古い建物が建っていた土地を活用するケースや、隣り合った土地を共同化して新築マンションを建てるケースもありますが、その場合、古い建物を解体するためのコストや共同化するための合意形成、権利関係の整理に要するコストなどが必要になります。そして、開発余地を生み出すためのこうしたコストがプラスされることも、新築マンションの価格を押し上げる要因の一つとなっています。

つまり、手を出しやすい土地が開発しつくされた今は、既存の建物がある土地をターゲットにして開発余地を生み出さざるを得ない時代になったと捉えることができます。

実際に、東京都都市整備局の「東京の土地（土地関係資料集）」によると、東京23区における２０００㎡以上の土地売買件数は、２００７年から２０１１年の５年間の平均で２８９件でしたが、２０１２年から大幅に減少し、ここ5年（２０１８年から２０２２年）の平均は72件にまで減少しています。

このように時代とともに開発余地が少なくなっていることもあり、都内各地で市街地再開発事業がさかんに行われるようになりました。そして、そこでは必ずといっていいほど、タワーマンションが建設され、多くの住宅が供給されています。にもかかわらず、住宅の入手困難化・高コスト化は進んでいます。なぜ、このような状況になっているのかは第3章で詳細に述べたいと思います。

ちなみに、これまでマンション建設が首都圏ほど旺盛ではなかった地方都市では、むしろ2021年頃からは微増・維持となっています。これは近年、地方の主要都市でも、1棟建つだけで住宅供給戸数にインパクトがあるタワーマンションが建設されるようになったことも関係しているものと考えられます。

中古マンション価格も高騰

新築マンション価格の上昇に伴って、中古マンション価格も顕著に上昇しています（図表2-5）。

2024年2月の中古マンションの平均成約価格（㎡単価）は、10年前に比べて、東京都と大阪府は2倍となっていました。また、データの制約上、2018年2月との比較になりますが、福岡県は1・5倍、北海道は1・3倍となっていました。

ファミリータイプの70㎡として2024年2月の成約単価で換算すると、東京都での価格は6990万円となり、中古マンションであっても一般的な世帯が手を出すには躊躇するレベルになっていることがわかります。このように、中古マンションでも入手は困難になりつつあります。

では、中古マンションも新築マンションと同じように住宅市場での流通量が少なくなっているのでしょうか。

中古マンションが住宅市場に新規に登録された件数の推移を調べてみると、東京都内はコロナ禍で一時的に減少しましたが、その後、回復傾向に転じています。中古マンションの新規登録の数は、10年前に比べてむしろ増えているのです。東京都だけでなく、横浜

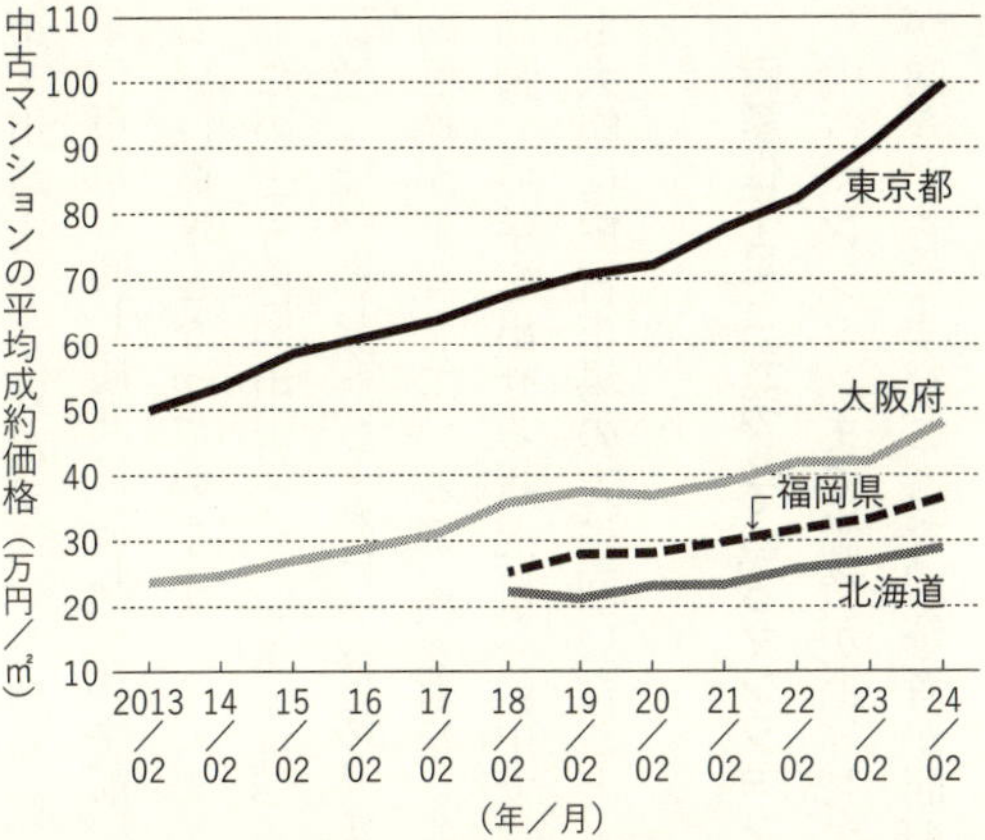

図表2-5　中古マンションの成約㎡単価の推移（各年2月）
※2013〜2017年は専有面積40〜80㎡のデータ
データ出典：公益財団法人不動産流通推進センターの各月の「指定流通機構の物件動向」をもとに作成

市・川崎市・さいたま市・千葉総武（市川市・船橋市・鎌ケ谷市・浦安市・習志野市・八千代市）も同じ傾向にあり、10年前に比べて中古マンションの新規登録件数は同等、あるいは微増となっています。

このように、中古マンションは、新築マンションとは異なり、住宅市場に流通する「数」は減少しているわけではありません。にもかかわらず、中古マンションの平均成約価格が上昇しているのは、新築マンションの供給数が少なく、かつ価格があまりにも高騰して手を出せる状況にない中で、住宅を購入しようという人たちの目が、以前よりも大幅に中古市場の方に向いたことも大きいと考えられます。

耐震性不足と判明しているマンションでも物件価格は上昇

中古マンションまで価格が上昇しているとなると、どうしても価格が安めの物件に目が向きがちです。ここで、筆者が問題視しているのは、東京23区であれば旧耐震基準のマンションが、〝ビンテージマンション〟などと称され耐震補強工事をしていなくても、それなりの価格で売れている点です。

例えば、世田谷区の幹線道路沿いにある、会社名が入ったビンテージと称されるマンション（1971年築）は、耐震診断の結果、「震度6強から7に達する程度の大規模の地震の震動及び衝撃に対して倒壊し、又は崩壊する危険性が高い」とされるレベルとなっています。少し専門的ですが、建物の耐震性の判定にはIs値、Iso値という指標が使われ、Is値がIso値以上であれば新耐震基準における耐震性能を有すると判断されます。つまり、「大規模の地震の震動及び衝撃に対して倒壊し、又は崩壊する危険性が低い」とされるのはIs／Iso値が1・0以上となるのですが、このマンションはなんとIs／Iso値が0・4程度しかありません。このマンションだけが特別な事例というわけではなく、その他にも、Is／Iso値が0・3などのマンションも複数見られ、いずれも世田谷区の資料[7]を見る限り、耐震補強工事がなされていません。

では、このIs／Iso値が0・4程度しかないビンテージマンションの販売価格履歴を「マンションナビ」というウェブサイトで検索してみると、4480万円（下層階60㎡南東向き）で、最多成約期間は30日未満（30・5％）、売買価格推移として3年前からの上昇率8・2％となっていました。

このように、震度6強から7程度の大規模な地震が発生した場合、倒壊又は崩壊する危険性が高いことが判明し、かつ具体的な数値として公開されているマンションでも、世田谷区で駅から徒歩10分圏内といった立地であれば、周辺相場より若干低い価格帯で売買されているのです。

マンションの区分所有者も管理組合も、耐震性不足で全く売れないなどの危機的な事態となれば、今後の資産価値や売却のことも考えて耐震補強工事に向かう可能性があるでしょう。しかし、耐震性不足であっても今はそれなりに売れているため、自分たちの資金を持ち出してまで、わざわざ耐震補強工事をしようということにはならないのです。

東京都が発表した最新の被害想定によると、首都直下地震の発生確率は今後30年間で約70%とされています。中古マンションの価格も高騰している中では、耐震性よりも価格や立地が重視されがちですが、大地震で倒壊すれば資産を失いかねません。

筆者自身、1995年の阪神・淡路大震災を経験し、自宅マンションが半壊した経験があります。その時、何をするにも合意形成という壁が立ちはだかる被災マンションの大変さを痛感した立場からすると、不動産業界が、耐震基準を満たさず、耐震補強工事を行っていない区分所有マンションを〝ビンテージ〟などと称して持ち上げることに対しては、正直、大きな違和感、危機感を覚えています。

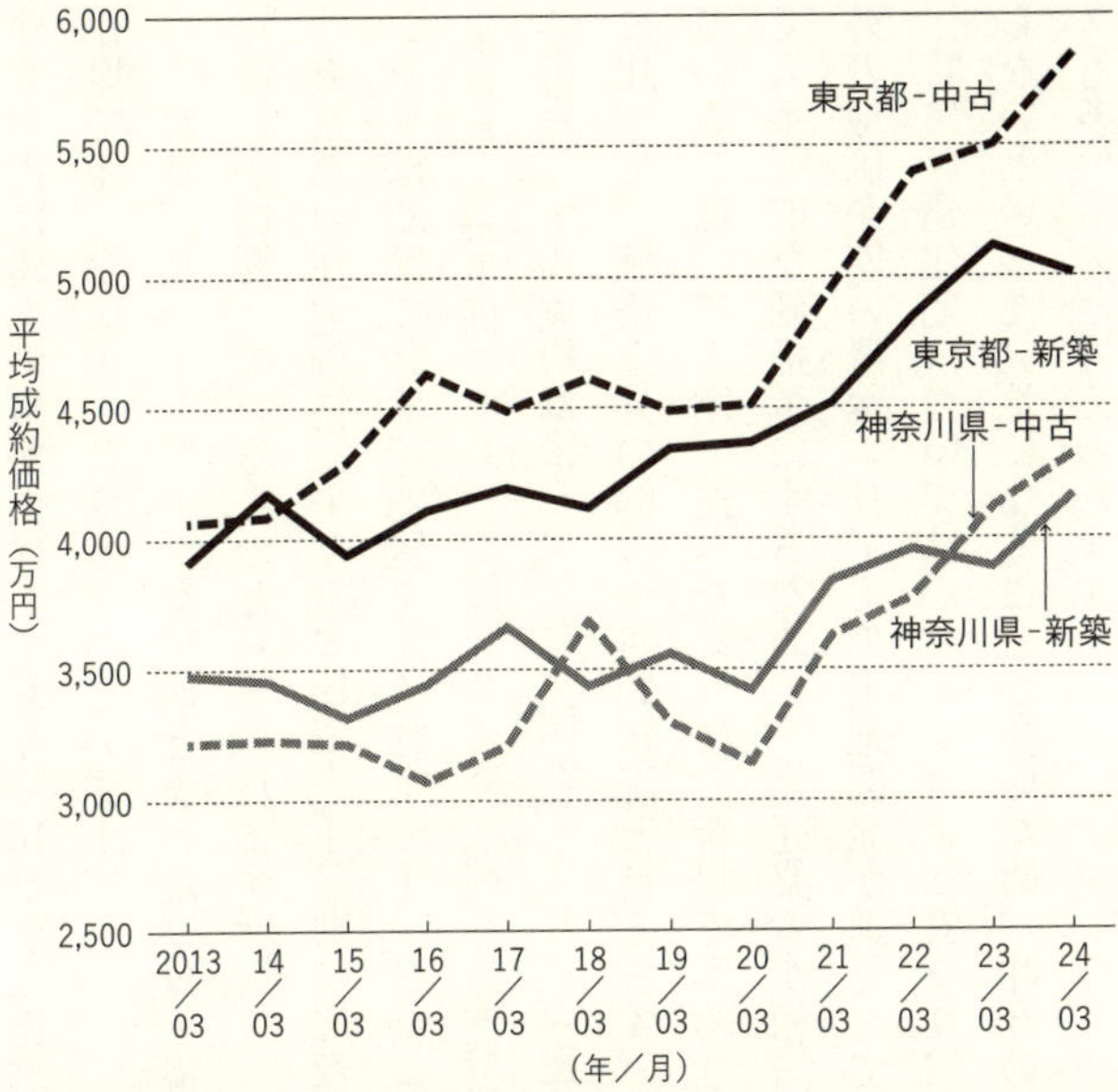

図表2-6　新築戸建・中古戸建の平均成約価格推移（東京都・神奈川県）
データ出典：公益財団法人不動産流通推進センターの各月の「指定流通機構の物件動向」をもとに作成

中古マンションより入手しやすい戸建住宅

新築・中古ともにマンション価格が特に上昇している中で家を買おうと検討する人は、少し郊外にある戸建住宅に目を向けることもあると思います。

そこで、東京都や神奈川県における新築と中古の戸建住宅の平均成約価格を見てみましょう。

図表２－６を見ると、２０２０年頃から新築戸

建も中古戸建も価格が上昇しており、10年前に比べて東京都で1・2～1・4倍、神奈川県で1・2～1・3倍となっています。

これは、リモートワークが可能となったコロナ禍の影響で広い戸建住宅の需要も増えたことが影響しているものと考えられます。

東京都の住宅価格（平均）を住宅タイプ別に比較すると、10年前に比べて、新築マンションは23区で2倍、23区を除く都下で1・3倍（図表2-1）、中古マンションは2倍（東京都・㎡単価）でした（図表2-5）が、新築戸建は1・2倍、中古戸建は1・4倍（東京都・平均成約価格）でした（図表2-6）。戸建住宅は、新築も中古も、マンションに比べて、価格上昇の幅は小さい状況と言えます。なお、新築戸建の上昇幅が抑えられているのは、第1章で述べたように、新規で供給される戸建住宅を、購入希望者にとって入手可能な価格帯にするために、建売業者が相当に土地を狭小化していることや、郊外の地価が安い農地エリアでの宅地開発が進行していることの表れとも言えます。

特に戸建住宅については、マンションと異なり、駅から遠く、バスを使わなければならないといった立地になることが多いため、昨今の住宅取得層のニーズと合わないケースも多いものと考えられます。

これは、都市計画で定めている用途地域の指定状況も関係しています。各自治体のウェブサイトで「都市計画図」というものを見ていただくとわかるのですが、一般的に、駅周辺は商業系や中高層の住居系の用途地域が指定され、その外側に良好な戸建住宅地とする第1種低層住居専用地域が指定されているケースが多いのです。つまり、戸建住宅地は、どうしても駅から徒歩圏外になりがちなのです。

それでも駅から徒歩圏内（10分程度）に第1種低層住居専用地域が指定され、住環境が安定している街も存在しています。そして、駅から徒歩圏内の良好な戸建住宅地の中には、2030年頃に相続が発生し市場に流通してくる見込みの戸建が大量に控えています（詳細は第5章）。

空き家は多いが流通にまわらない

マンションも戸建も価格が上昇しているのなら、最近、増え続けている空き家をもっと活用すればよいのでは？　と思う方も多いでしょう。しかし、空き家は増えているのですが、所有者が高齢者施設に入居していたり、相続発生後にとりあえず置いてあったりすることが多く、住宅市場になかなか流通しないのです。要するに、空き家の「数」

はたくさんあっても、住宅市場にすぐに出回る状況になっていないわけです。

確かに、最近、街を歩いていても空き家を普通に目にするようになりました。駅前などの便利な場所にあるにもかかわらず、放置された空き家も散見されます。

最新の2023年の総務省「住宅・土地統計調査[8]」によると、全国の空き家が900万戸にまでなりました。

この調査における「空き家」は、「売却用」「賃貸用」「別荘等」、そして売ろうとも貸そうともしていない「その他空き家」に分けられています。

2013年を100とした空き家数の推移を見ると、「その他空き家」が最も増加スピードが高いことがわかります（図表2-7）。

空き家の増加が社会問題化したこともあり、2023年、空家特措法[9]が改正されました。この法改正により、著しく荒廃した「特定空家等」だけでなく、窓ガラスが割れているなどの「管理不全空家」に対しても、市区町村が勧告した場合、土地の固定資産税が6分の1に軽減される住宅用地特例が解除できることが明確化されました。

そのため、例えば毎年の固定資産税がそれなりの金額となる東京23区など地価が高い立地では、空き家のまま長期間放置し、自治体から「管理不全空家」と勧告されると、固定資産税が約4倍になるためかなりの税額になってしまうという懸念から、今後は、住宅市場に流通することが増えるものと期待されています。

なお、９００万戸の空き家の中には、マンションの空室も含まれています。実際に、国土交通省の「令和５年度マンション総合調査[10]」によると、３か月以上空室となっている戸数の割合が０％超〜20％の区分所有マンションが33・２％あり、古いほど空室のあるマンション割合が大きい傾向が見られます。

また、立地がよい区分所有マンションは、投資目的で購入され、賃貸にしていたり、相続発生後、相続人が売却せずに賃貸にすることも多いため、立地がよい中古マンションの空室は、戸建住宅ほどには売却物件として住宅市場で流通しないという側面があります。

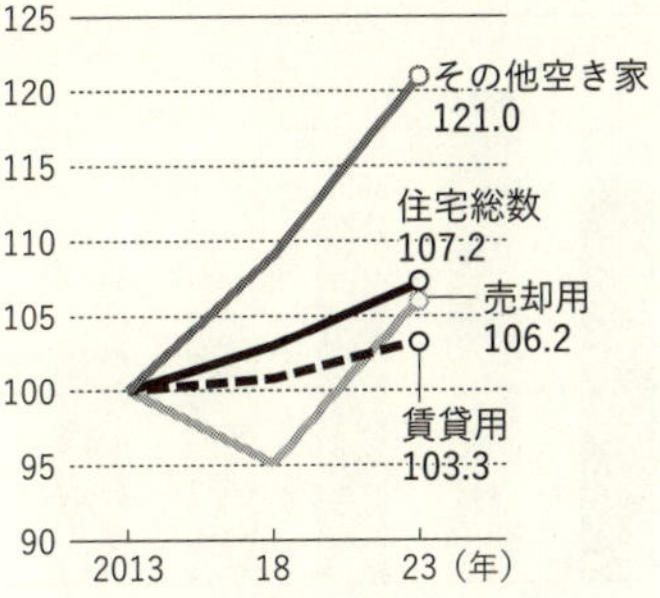

図表2-7　2013年を100とした場合の空き家数と住宅総数の推移

データ出典：総務省「住宅・土地統計調査」をもとに作成

２０２５年の東京、実需層の世帯数ピークに

今、なぜ、家が手に入りにくいのかを考えるに

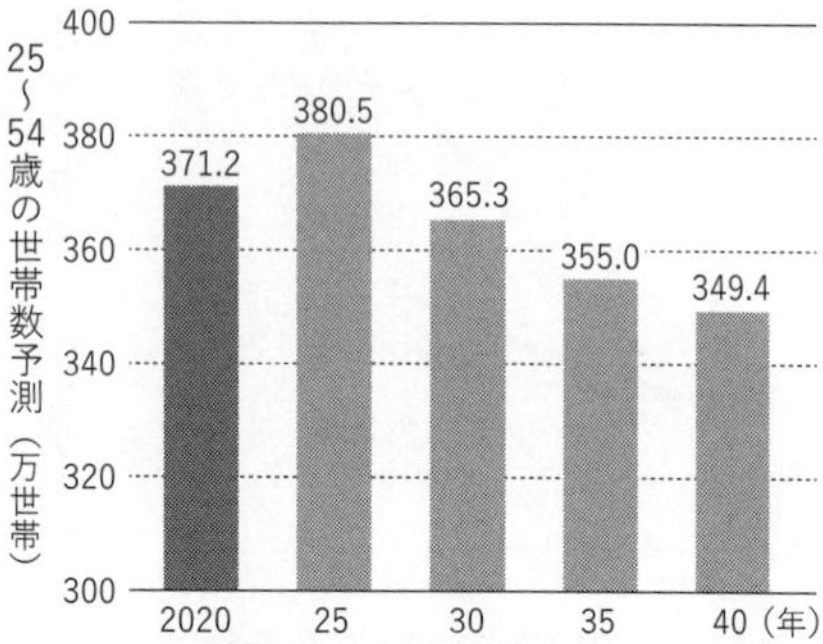

図表2-8 **東京都の住宅購入層（25～54歳）の世帯数予測**

データ出典：東京都の世帯数予測（令和6年3月）をもとに作成（※2020年は国勢調査の値）

あたり、もう一つ、着目すべきことがあります。それは、大都市では世帯数はまだ増加しているという点です。住宅の需要を考える際には、人口よりも世帯数の方が重要になります。

全国から人口が流入する東京都では、ずっと世帯数が増加し続けています。特に、単身世帯、その中でも高齢単身世帯の増加が大きく影響しています。

しかし、実は最新の東京都の世帯数予測（2024年3月）の中で、特に住宅を購入しようという年齢層（25～54歳）の世帯数だけに着目すると、東京都ですら2025年の380・5万世帯をピークに、その後、大幅に減少していくとされているのです（図表2－8）。

つまり、2025年にかけて実需層の世帯数が増えていることだけでなく、東京五輪後のマンション価格下落への期待で買い控えていた人たちが動き出したこともあり、近年、住宅を買おうとする世帯が多い状況と捉えることができます。

ただし繰り返しになりますが、留意すべきは、日本で最も転入超過人口が多い東京都ですら、住宅を購入しようという年齢層（25〜54歳）の世帯数増は２０２５年までという点です。２０４０年には、２０２５年から31・１万世帯減の３４９・４万世帯となることが予測されています。ちなみに、31・１万世帯減というボリュームは、福井県全体の世帯数[11]に匹敵するレベルです。

つまり、東京都ですら、近い将来、住宅需要が大幅に減少していくのです。そうした時代がいよいよ始まることを視野に入れ、住宅政策や都市政策を考えていかなければいけない時期に入ったと言えます。

住宅実需層のニーズとのミスマッチ問題

首都圏では、10年前に比べて、確かに新築マンションの供給数は半減しました。しかし、住宅市場に新規に登録される件数の推移を見てみると、中古マンションや新築・中古戸建は10年前と同等、あるいは地域によっては増加しています。つまり、コロナ禍という特殊な時期を除けば、全体的に、住宅の「数」が、世帯数の増加に比して圧倒的に不足している状況ではないのです。

では、なぜ、市場に住宅の「量」は十分に出回っているにもかかわらず、住宅の入手困難さを感じている人が多いのでしょうか。

それは、今の住宅実需層のニーズと在庫のミスマッチが生じていることも大きいのです。

昔に比べて、共働き世帯が増え、かつ正規雇用の女性が増えたこともあり、世帯年収が上昇して世帯として購入可能な価格帯が上がっているため、利便性が高く将来にわたって資産価値が下がりにくい立地を重視するようになっています。また、子育て世帯の場合には、子どもの保育園や学童の送り迎えのことを考えて、なるべく通勤に時間がかからない都心に近い立地や、そうではなくても鉄道駅から近い場所の住宅を買いたいといったニーズが非常に高まっています。

こうした立地ニーズをかなえようとすると、昨今、各地で進められている駅前再開発でつくられる新築のタワーマンションが選択肢となります。しかし、これらは、第3章で詳しく述べますが、もともと地価が高い駅前で、しかも高コスト体質でもある再開発でつくられるため、建設費高騰も相まって、パワーカップルでもなかなか手が出ないほ

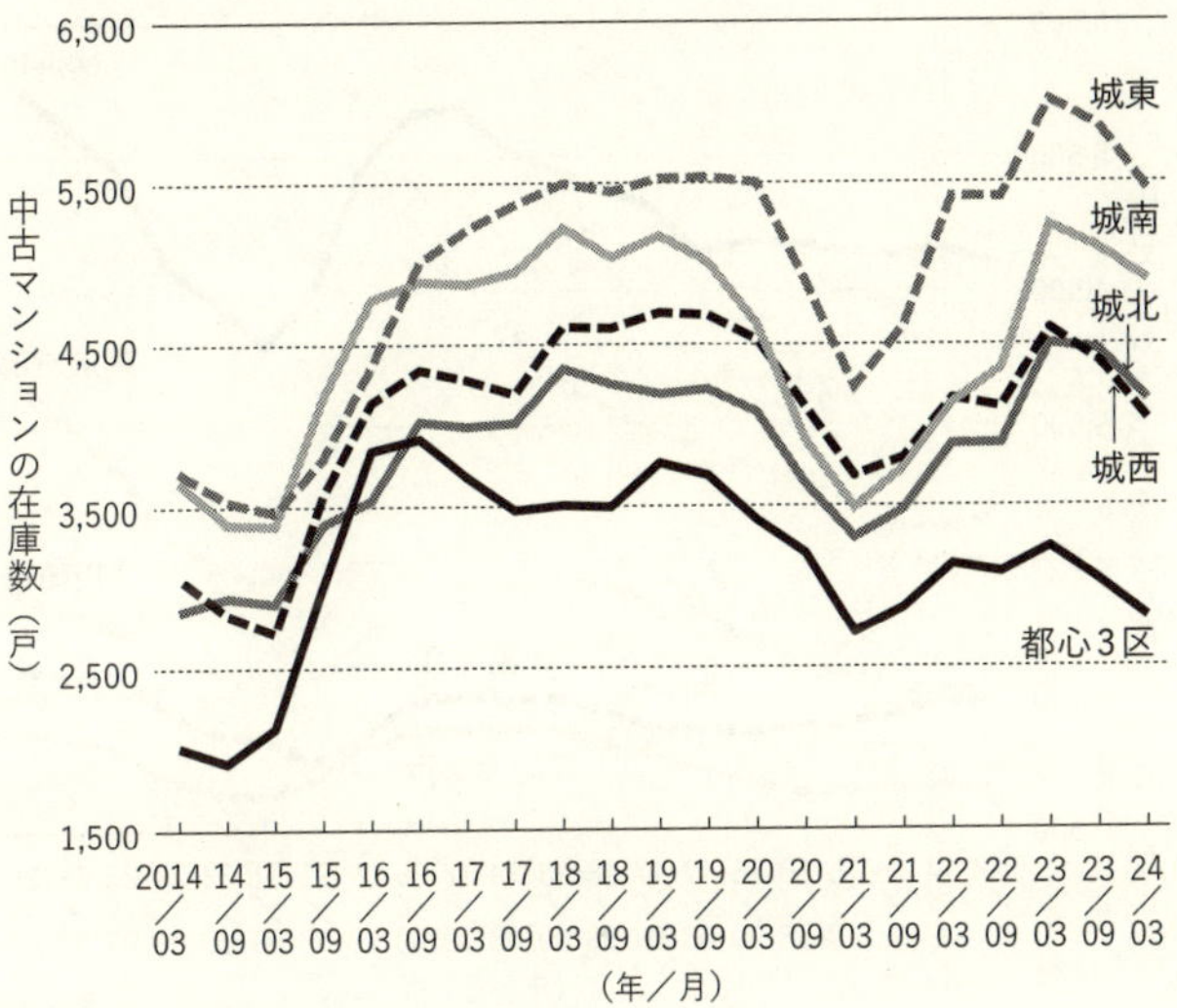

図表2-9　中古マンションの在庫数（東京都）
データ出典：東日本不動産流通機構データをもとに作成

ど高額になっています。

そうなると、利便性が高い立地で築年数もそこまで古くない中古マンションを探そうということになるわけですが、こうしたニーズに合致する中古マンションはあまり多く市場に出回っていないという問題があるのです。

そこで、こうした実需層のニーズと中古マンションのミスマッチが本当なのかを見るために、中古マンションの在庫数（図表２－９、図表２－10）とその築年数の推計を見てみましょう。

まず、東京都の中古マンション

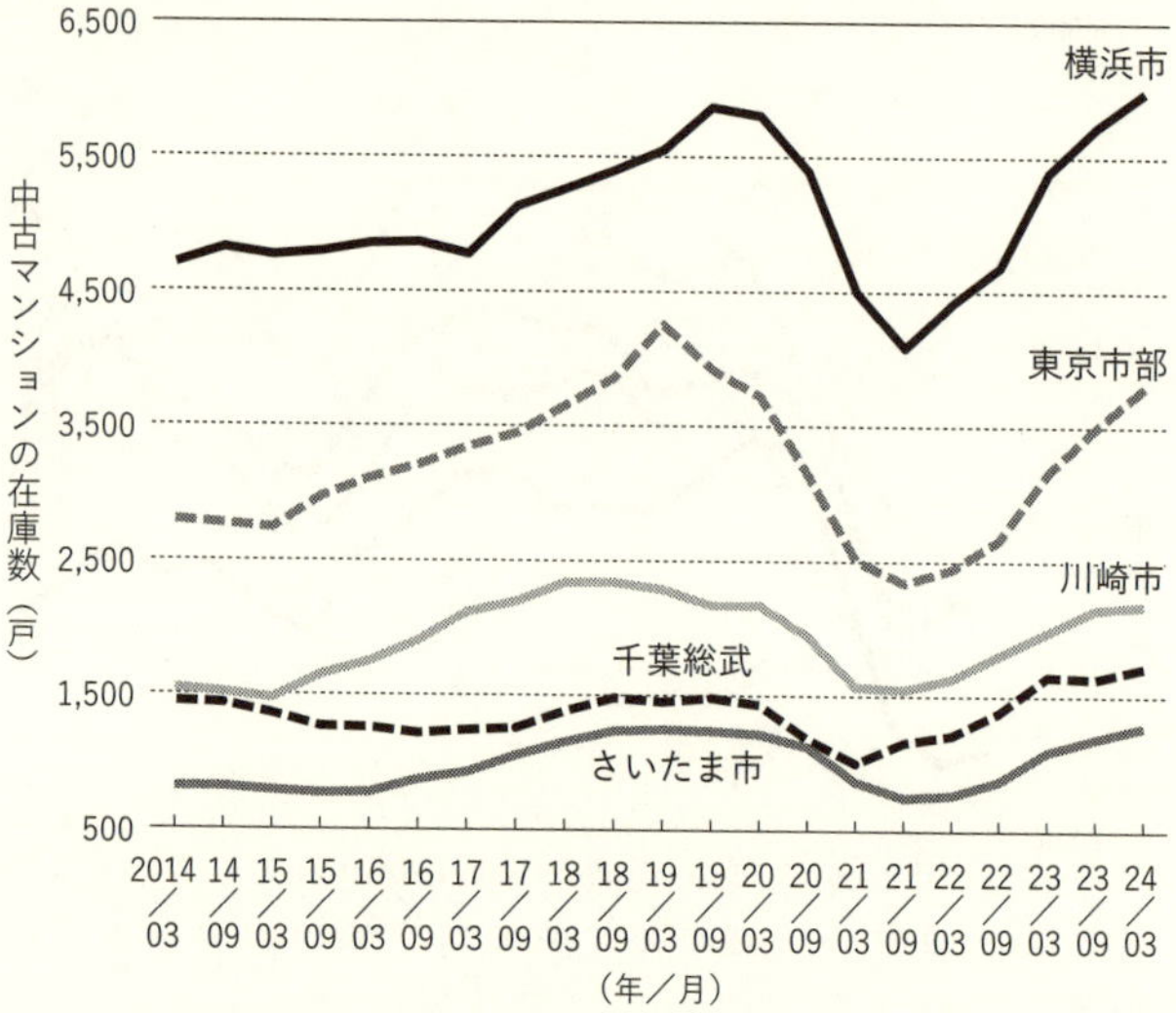

図表2-10 **中古マンションの在庫数**（首都圏）
※千葉総武＝市川市・船橋市・鎌ケ谷市・浦安市・習志野市・八千代市
データ出典：東日本不動産流通機構データをもとに作成

の在庫数（図表2－9）については、都心3区、東京23区（城東・城南・城北・城西）は2023年3月頃から減少傾向にあるものの、10年間の変化としてみると、コロナ禍の期間を除き、全体的に在庫数は増加傾向にあり、2014年3月に比べて2024年3月の在庫数は、1.3〜1.5倍となっています。

また図表2－10を見ると、東京市部、横浜市、川崎市、さいたま市、千葉総武のいずれのエリアも、2014年3月に比べて2024年3月の在庫数は、

1・2〜1・6倍で、コロナ禍の期間を除き全体的に増加傾向にあり、10年前よりも確実に在庫数が増えていることがわかります。特に、さいたま市は1・6倍と図表2－9と図表2－10に挙げた地域の中で最も在庫数の増加度合いが高い状況となっていました。

この背景としては、昨今のマンション価格の高騰で中古マンションを売りに出す側が強気の価格帯で出しているために、買い手がつかずに在庫になっていることも考えられますが、とはいえ、在庫の「数」は積み上がっているのです。

積み上がる古い中古マンション在庫

しかし、着目すべきは、在庫となっている中古マンションの「質」の変化です。

中古マンションの在庫の平均築年数の10年変化（図表2－11）を分析してみると、総じて築年数が伸びており、2014年時点の在庫中古マンションの平均築年数はおおむね18〜22年程度でした。しかし、2024年には築26〜32年程度になっており、総じて在庫中古マンションの高経年化が進んでいるのです。特に、在庫の中古マンションの築年数平均が30年を超えているのは、東京の城南エリア・城西エリアや、横浜市、埼玉中央、埼玉東部、埼玉西部、千葉市、千葉総武、千葉常磐で、埼玉県や千葉県で古いマン

都心３区	18年 → 24年	さいたま市	20年 → 29年
城東エリア	18年 → 26年	埼玉中央	20年 → 30年
城北エリア	20年 → 29年	埼玉東部	22年 → 31年
城南エリア	21年 → 31年	埼玉西部	22年 → 32年
城西エリア	22年 → 32年	千葉市	23年 → 31年
東京市部	21年 → 29年	千葉総武	22年 → 32年
横浜市	23年 → 31年	千葉常磐	21年 → 30年
川崎市	19年 → 27年		

図表2-11　在庫中古マンションの平均築年数の10年変化
（2014年と2024年の各年３月の築年数の平均）

※都心３区　＝千代田区・中央区・港区
城東エリア＝台東区・江東区・江戸川区・墨田区・葛飾区・足立区・荒川区
城北エリア＝文京区・豊島区・北区・板橋区・練馬区
城南エリア＝品川区・大田区・目黒区・世田谷区
城西エリア＝新宿区・渋谷区・杉並区・中野区
東京市部　＝区部・島しょ部除く
埼玉中央　＝川口市・戸田市・蕨市・上尾市
埼玉東部　＝八潮市・三郷市・草加市・越谷市・春日部市
埼玉西部　＝和光市・朝霞市・新座市・志木市・富士見市・ふじみ野市・川越市・所沢市・狭山市・入間市
千葉総武　＝市川市・船橋市・鎌ケ谷市・浦安市・習志野市・八千代市
千葉常磐　＝松戸市・柏市・我孫子市・流山市・野田市

データ出典：東日本不動産流通機構データをもとに作成

ションの在庫が積み上がっている可能性があります。

在庫となっている中古マンションは「平均」で築年数が30年を超えているわけなので、築年数が50年以上の物件も多く含まれているものと考えられます。

築年数30年の中古マンションを購入しようという場合、35年ローンを完済した時には築65年を超えてくる可能性があるわけなので、よほど立地が良くて売りやすい、管理状態が良好、あるいは周辺より格段に安いといった物件しか、売買は成立しないと思われます。

特に、築年数が古いマンションは、設備も含めて様々な不具合が起こるため、維持管理費や修繕積立金も高くなる傾向にあります。そのために固定費が高くなり、売りに出されたとしても、在庫として積み上がっていくことが懸念されます。また、古いからといってマンションが建て替えられることは非常に稀です。

さらに、中古マンションの流通増が見込まれる２０４０年頃になると、在庫となっている中古マンションの平均築年数は40年以上となってしまうことが推測されます。ここまで分析をしてみて、筆者自身、近い将来、古いマンションの在庫が都市の中で大量に積み上がっていく事態が新たな社会問題になるのではないかという危機感を抱くようになっています。

「手が出ない住宅」と「手を出したくない」住宅ばかりが増加

以上のデータに基づくと、要するに、昨今、住宅が入手困難化しているのは、住宅市場に高額すぎて「手が出ない住宅」と、立地や古さなどから「手を出したくない住宅」は増えているものの、「手が出せる」「手を出したい」住宅の数が増えていないからだと捉えることができます。

特に、中古マンションの在庫数が積み上がっている実態があるのであれば、少しでも「手を出したい」と思える中古マンションを増やすことが一つの解決策となるでしょう。

旧耐震基準のマンションの耐震補強を進めて安心・安全なマンションにし、適切な維持管理を講じてなるべく長寿命化することで、少しでも「手を出したい」と思わせる物件を増やせる可能性はあります。

しかし、国交省の資料[12]によると、旧耐震マンションは約104万戸あると言われていますが、そのほとんどで耐震補強工事は進んでいません。

もちろん建替えや敷地売却（マンションと敷地を一括で売却して区分所有者等に分配金・補償金を配分すること）という選択肢はありますが、これも合意形成というハードルが高いためレアケースです。ちなみに、2023年3月時点で、マンションの建替えの実績[13]は累計で282件、約2万3000戸、敷地売却の実績は累計で10件、約600戸にとどまっています。

旧耐震基準時代の1981年5月31日までの建築物は、「震度5程度の中規模の地震の揺れでも大きな損傷を受けないこと」が基準となっていました。これに対して、新耐震基準では、「中地震では軽微なひび割れ程度の損傷にとどめ、震度6強～7程度の大規模な地震で建物の倒壊や損傷を受けないこと」となりました。

では、旧耐震基準（2024年5月時点で築43年）の中古マンションの全てで耐震性が不足しているかというとそうではなく、きちんと耐震診断をしてみなければ、実際のところはわかりません。耐震診断の結果、耐震不足が判明した場合、適切に耐震補強工事を行えば、それまでよりも格段に安心して住むことができます。マンション政策としても耐震化の促進は喫緊の課題となっているため、自治体も耐震診断や耐震補強に対して、様々な助成制度を用意しています。

しかし、実際に耐震診断や耐震補強工事を行うマンションの数はなかなか増えていかないのです。その理由は、「耐震診断で耐震性がないと判明すると資産価値が下がる」「耐震補強工事に多額の費用がかかる」「自分はもう高齢で年金暮らしだから出せるお金もない。自分が亡くなってからにしてほしい」など、区分所有者それぞれの様々な境遇・意見があるため、合意形成という壁に阻まれ耐震診断すらできていないところが多いのです。

耐震性不足のマンションについては、居住者の命や資産の問題だけではなく、災害時に倒壊したマンションが、避難や救急・消火活動、緊急物資輸送の大動脈となる幹線道路を塞いでしまう危険性があります。また、幹線道路側ではない方向に倒壊した場合には、周辺の市街地の居住者等の命や建物に危険が及ぶことになります。

もし道路閉塞で通行障害が起こると、救命活動やライフラインの早期の復旧を妨げます。特に、首都直下地震や南海トラフ大地震がかなりの確率で起こると予測されている中、首都機能を有する東京においては、国としての活動維持に大きな影響を与えかねません。

実際に、1995年の阪神・淡路大震災では、鉄筋コンクリート造のビルやマンションが根元から倒壊して道路に倒れこみました。また、2024年1月の能登半島地震でも輪島市のビルが倒壊して隣の家を押しつぶし、住民の方が亡くなるという痛ましいことが起きています。

緊急輸送道路沿道ですら進まぬ耐震化

東京都では、大地震から生命と財産を守り、首都東京の機能を確保するため、耐震改修促進法に基づき、2011年4月から「東京における緊急輸送道路沿道建築物の耐震化を推進する条例」を施行しています。

この条例に基づき、東京都では幹線道路を中心に「特定緊急輸送道路」を指定し、その沿道建築物に対して、２０１２年４月から耐震化の状況の報告と耐震診断が義務化されました。そして、耐震化の助成制度や所得税の特別控除、固定資産税の減額などの重点施策も展開されています。

対象となるのは、敷地が特定緊急輸送道路に接する旧耐震基準の建築物で、道路幅員のおおむね２分の１以上の高さの建築物の全てです。そして、この緊急輸送道路沿道建築物の耐震診断結果や耐震化の対応状況などの一覧は、自治体のウェブサイトで公表されています。

東京23区内の緊急輸送道路沿道建築物のうち、マンションが含まれていると考えられる建築物（都営住宅除く）を抽出して分析[14]してみました。その結果、震度６強から７程度の大規模の地震の震動・衝撃で倒壊、又は崩壊する「危険性が高い」とされるマンションが40％（６３７棟）、「危険性がある」とされるマンションが34％（５３９棟）でした。つまり、耐震性が確保されている特定緊急輸送道路沿道のマンションは25％（３９４棟）にとどまっているという状況でした。

23区の中でも緊急輸送道路沿道建築物の耐震補強が進んでいる区の一つが大田区です。担当課によると、大田区では耐震化工事費用について最大9割を助成する制度を設けるとともに、個別訪問等を行うなど普及・啓発活動を行っているとのことでした。この普及・啓発では、多くの区分所有者による合意形成を図る必要がある分譲マンションに対して、「マンション管理等アドバイザー派遣制度」を設け、専門家を派遣するという支援をしています。特に筆者が感動したのは、区職員が状況に応じて管理会社と連携し、マンション管理組合の理事会に出席して助成制度の説明を行ってきたという点です。こうした区民に寄り添った取り組みの積み重ねにより、耐震補強工事をすべき共同住宅等の緊急輸送道路沿道建築物の6割で耐震化が図られたと言えます。ちなみに、2022年、「耐震改修工事中」という垂れ幕を掲げたマンションを見つけて、おっ！　と思わず撮影した場所も大田区でした（写真2‐2）。

以上の実態から示唆されるのは、特定緊急輸送道路沿道建築物は耐震診断とその報告が義務化されるという制度的な枠組みがあり、マンション名とともに耐震診断の結果が詳細に公表されるとしても、また、耐震診断の結果、自らの命や資産に危険が及ぶことが判明しても、区分所有マンションでは合意形成に向かうことが非常に困難ということです。東京都が重点的に取り組んでいる特定緊急輸送道路の沿道ですら、このような状況なのですから、現行の法制度のままでは、数多ある全国各地の旧耐震基準のマンションの耐震化が進む方向にいかないことは明白です。

要するに、区分所有マンションは容易に建替えや解体ができないため、耐震性が低いまま、都市の中に残り続けていくことが懸念されます。

写真2-2　大田区の耐震改修工事中の特定緊急輸送道路沿道建築物（2022年9月撮影）

世界に比して住居費にあえぐ日本

以上で見てきたとおり、特に東京において住宅の入手困難性が増していますが、これは世界各国の大都市でも同じ状況となっています。

38か国の先進国が加盟するＯＥＣＤのデータで、２０１５年時点を１００としたＧ７各国の住宅価格の推移を見ると、２０２２年時点で上昇幅が最も大きいのがアメリカ、次いでカナダ、ドイツとなって

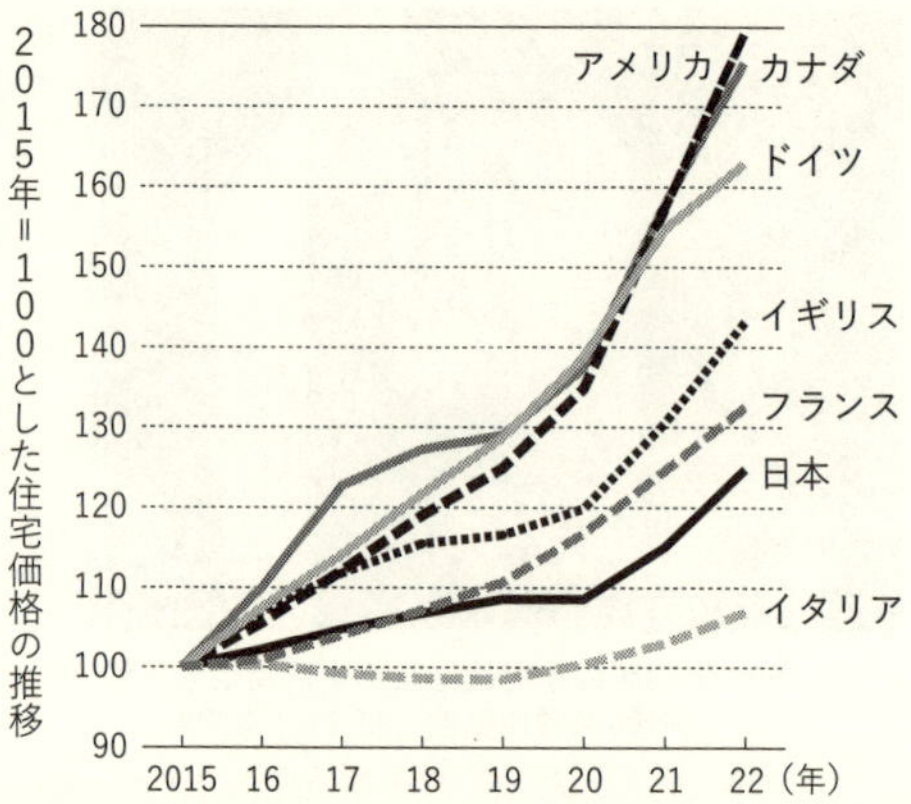

図表2-12　G7各国の住宅価格の推移
データ出典：OECD (2024), OECD Affordable Housing Databaseをもとに作成

おり、日本は6位でした（図表2－12）。いずれも2020年のコロナ禍以降、上昇率が高まっています。ただ、G7で比較すると日本の住宅価格の上昇幅は抑えられていると言えます。

　しかし、図表2－13に示す、住宅ローンが可処分所得の40％を超える人口割合について見ると、G7の中で最も高いのは日本となっており、住居費は家計の中で大きなウェイトを占めていることがわかります。

　この日本のデータは2021年のものですので、他の国よりも賃金上昇がまだ十分にいきわたっているわけではない現状を加味すると、住宅ローンが可処分所得の40％を超えるという過剰負担の人口割合は、以前よりも深刻化している可能性があります。さらに今後、金利が上昇する局面となった場合、住宅ローンが可処分所得の40％を超える人口割合はさらに増加することも懸念されます。

一方で、アメリカやイギリスでは家賃もかなり高騰しているため、賃貸住宅に住む人たちの家賃が可処分所得の40％を超える人口の割合が20％を超えていますが、日本は同12％でG7の中では4位と、住宅ローンが可処分所得の40％超の人口割合の順位よりは低い状況でした。

もちろん、こうした各国との比較については、税制や社会保障費の算定方法なども異なることに留意する必要はあります。とはいえ、昨今の住宅の入手困難化の問題を見ていると、住宅価格やその上昇率はG7各国に比べて低くても、特に東京などの大都市では可処分所得に占める住居費の割合は高まっていると考えられます。

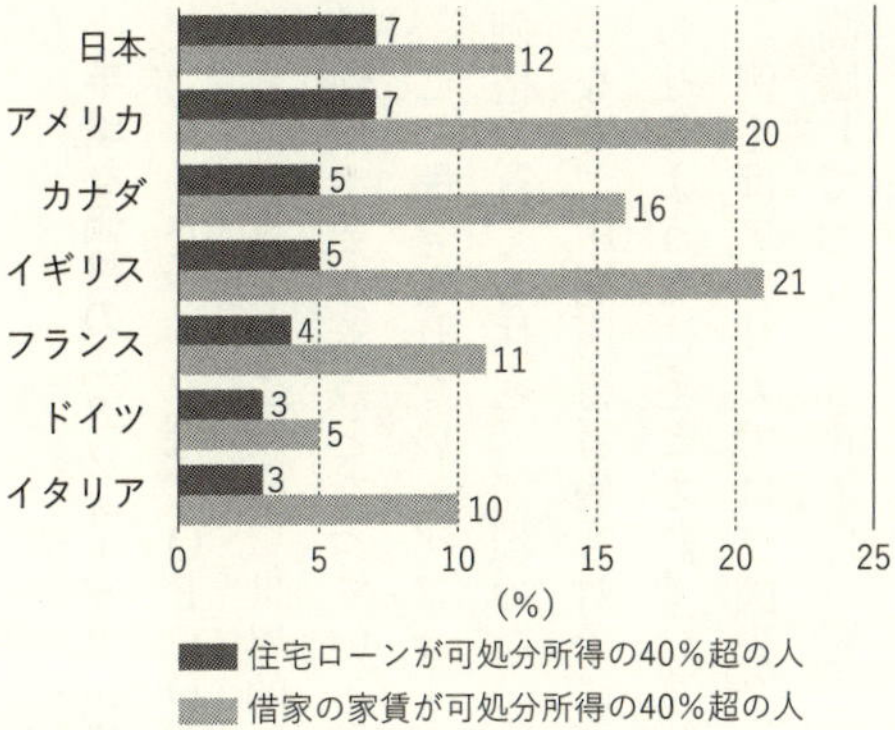

図表2-13　**G7各国の住居費が可処分所得の40%超の人口割合**

※フランス・ドイツ・イタリアは2022年、日本、イギリス、アメリカは2021年、カナダは2019年のデータ

データ出典：OECD (2024), OECD Affordable Housing Database をもとに作成

手頃な価格の「アフォーダブル住宅」の確保

こうしたデータは、OECDが「アフォーダブルハウジングデータベース」として公表しています。これは、世界的に都市政策や住宅政策として「アフォーダブル住宅」の確保が主要な論点となっている証といえます。

この聞きなれない「アフォーダブル住宅」とは、中間所得者層以下の市民が、手頃な価格で買える住宅、無理のない家賃で借りられる住宅のことを指します。低所得者だけでなく、中間所得者層も対象になっており、多くは、住居費が収入の概ね30％以下で暮らせるような住宅とされています。

例えばアメリカでは、図表2－12に示すように、G7の中でも特に住宅価格が非常に高騰しており、都市計画分野では「住宅貧乏」といった言葉まで登場していると言われています。[15] 特に、GAFAM（Google, Apple, Facebook〔現 Meta〕, Amazon.com, Microsoft）のような巨大IT企業が集積したエリアには、高所得者層が集まってくるために、そのエリアの住宅価格が高騰し、それによって一般の労働者、特にエッセンシャルワーカーがその街に住めなくなる事態が発生し、社会からの批判が高まるようになりました。こうした社会からの批判を無視できなくなってきたことから、２０１９年頃からＧＡＦＡＭの各企業がアフォーダブル住宅の供給に取り組むようになっています。例えば、Amazon はアフォーダブル住宅の供給のために、20億ドル規模の基金を設立し、アフォーダブル住宅を建設する開発事業者やＮＰＯを資金面で支援するようになっています。[16]

日本の住宅政策では、これまで住宅セーフティネット法（住宅確保要配慮者に対する賃貸住宅の供給の促進に関する法律）などで低所得者や高齢者、外国人といった住宅確保要配慮者に対する支援策を中心にしてきました。しかし、日本では、住宅政策や都市政策の中で中間所得者層も含めた住宅のアフォーダビリティの確保については、まだまだ具体的に論じられていないのが現状です。

昨今の状況に鑑みると、いよいよ日本でもそれぞれの世帯収入に見合った価格で賃貸・購入できるといった住宅のアフォーダビリティの確保について、どのような政策が必要なのか、また、民間事業者側も自分たちの開発事業がどのように貢献できるのか、開発利益をどう還元していくのか、ということに本気で取り組むべき状況になったといえるでしょう。

その際に、他の国と異なるのは、中古マンションの在庫が積み上がっていることから明らかなように、住宅の「数」はすでに十分あること、空き家も増えつづけていること、団塊世代の持ち家については大量の相続がさらにひかえていること、住宅実需層のニーズと在庫がミスマッチであること、都市化しきったため大規模な開発余地は少ないこと、建替えや再開発などで土地・建物を動かすために相応のコストがかかることなど、日本特有の状況を加味しなくてはいけない点です。

都市化しきって開発余地が少なくなったこともあり、再開発などを行わなければ大規模な開発はできなくなっています。そこで、次章では、近年、あちらこちらで再開発が行われているにもかかわらず、なぜ、住宅の「入手困難化」「高コスト化」が進んでいるのかについて、少し専門的見地から見ていきたいと思います。

●注

1 不動産経済研究所「不動産経済　マンションデータ・ニュース」、「首都圏マンション　戸当たり価格と専有面積の平均値と中央値の推移」（2024年4月2日）

2 飯田泰之「再配分政策が改善できることとできないこと」、『月刊　経団連』（2023年1月号）、及び飯田泰之氏ｎｏｔｅ「固定費と実感可処分所得」（2022年3月26日）https://note.com/iida_yasuyuki/n/n5c132c927efe

3　国土交通省　国土審議会計画推進部会　国土の長期展望専門委員会（第13回）資料2－4「地方の豊かさについて」（2021年3月8日）

4　大和ハウス工業ニュースレター「『ONE札幌ステーションタワー』全戸完売」（2023年8月25日）https://www.daiwahouse.co.jp/about/release/house/20230825095655.html

5　不動産経済研究所「全国　新築分譲マンション市場動向　2013年」及び「全国　新築分譲マンション市場動向　2023年」によるデータ。

6　一般財団法人日本不動産研究所「第22回国際不動産価格賃料指数」（2024年4月現在）の調査結果」（2024年5月30日）

7　世田谷区「要安全確認計画記載建築物（特定緊急輸送道路沿道建築物）の診断結果の公表」（平成30年3月29日公表、令和5年7月31日更新）

8　総務省「令和5年住宅・土地統計調査　住宅数概数集計（速報集計）結果」（令和6年4月30日公表）

9　正式名称は、空家等対策の推進に関する特別措置法。

10　国土交通省「令和5年度マンション総合調査結果」（令和6年6月21日公表）

11　総務省「【総計】令和5年住民基本台帳人口・世帯数、令和4年人口動態（都道府県別）」による。

12　国土交通省　社会資本整備審議会　住宅宅地分科会　第1回マンション政策小委員会（令和元年10月18日）資料3「マンション政策の現状と課題」

13　国土交通省「マンション建替え等の実施状況」（2023年3月時点／2023年8月10日

更新)

14 本分析では、2024年4月末時点で公表されていた東京都所管、及び各区が所管する緊急輸送道路沿道建築物のうち、共同住宅があると考えられる1581棟を対象としたため、オフィスビル等が含まれている東京都等が公表している数値とは異なっている(報告書未提出の11件を含む)。

15 矢作弘「スーパースター都市のアフォーダビリティ―Before & After COVID-19における変容」、『都市計画』Vol.72 No.6、12―15ページ、日本都市計画学会(2023年11月)

16 木村駿「GAFAMの「罪滅ぼし」としてのアフォーダブル住宅供給―5社が拠出する計70億ドル超の使い道」、『都市計画』Vol.72 No.6、12―15ページ、日本都市計画学会(2023年11月)

第３章

高コスト化する再開発

パワーカップルでも入手困難な再開発タワマン

2000年代に入ってから、大都市でも地方都市でも、再開発が相次いで行われてきました。そして、必ずと言っていいほど、タワーマンションがセットとなっています。しかし、ここ数年の市街地再開発事業を見ると、世帯年収が1500万円程度あるようなパワーカップルですら、手が届かない高級タワーマンションが増える事態となっています。

実際に、不動産情報を提供している「アットホーム（at home）」のウェブサイト（2024年6月19日時点）の「高級マンションランキング［首都圏］（新築マンション・分譲マンション）」を見てみると、ランキング上位の多くが再開発の一環として建てられたタワーマンションでした。例えば、

「パークシティ中野 ザ タワー エアーズ／ブリーズ」：1億2000万～4億円台
「ザ・タワー十条」：1億500万～3億2000万円
「グランドシティタワー月島」：1億4800万～3億円（第2期）
「シティタワー武蔵小山」：1億5500万～2億8000万円

といったように、再開発でつくられる新築のタワーマンションは、相当に高額な価格帯になっています。

地方都市でも、大阪市で25億円超、札幌市で5億円超、岡山市で3億円超といったように、再開発によって建てられるタワーマンションの販売価格は、数億円レベルが普通に含まれるようになっています。

本章では、市街地再開発事業という手法が抱える構造的な問題をひもときながら、なぜ、高コスト化しているのかを明らかにしていきたいと思います。

全国各地で見られる再開発ラッシュ

まず、2003年4月から2022年3月末までに都市計画決定（変更も含む）された住宅供給を含む市街地再開発事業[1]のある自治体をマップ化してみました（図表3-1）。この分析は都市計画決定のなされたものが対象なので、まだ竣工していないものも含まれています。

このマップ（図表3-1）を見ると、ここ20年ほどの間に、首都圏や関西圏といった三大都市圏だけでなく、北海道の稚内《わっかない》市から沖縄県の那覇市まで、地方の自治体でも

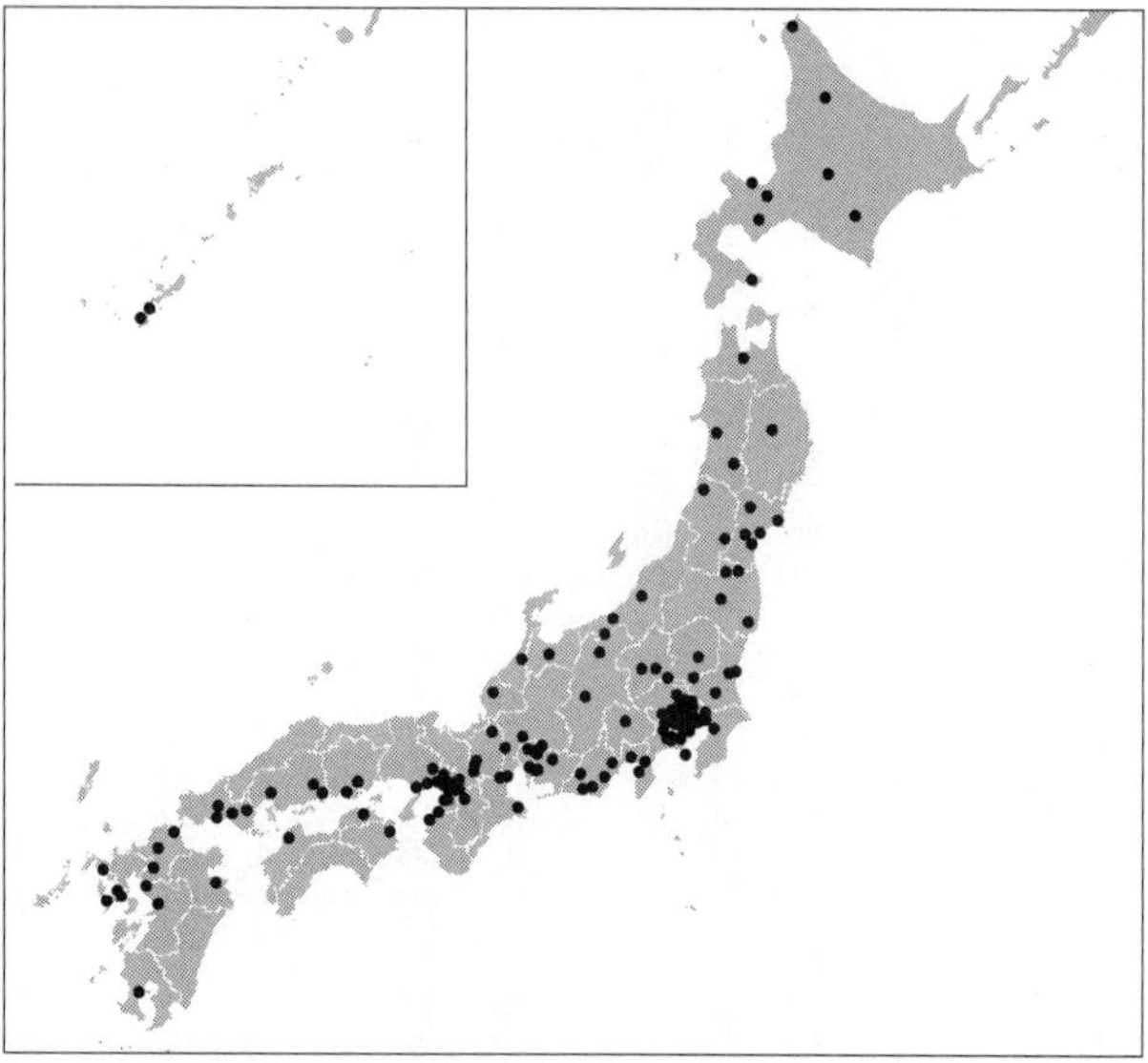

図表3-1　住宅供給を含む再開発がなされた自治体
（2003年4月から2022年3月末まで）
データ出典：国土交通省「令和4年都市計画現況調査」の市街地再開発事業データをもとに作成

再開発が行われていることがわかります。

地区数としてみると、最も多いのは東京都港区（20地区）、次いで東京都中央区（15地区）、東京都品川区（14地区）、横浜市（10地区）となっています。

1都3県を除くと最も多いのが岡山市（10地区）、次いで札幌市（8地区）、富山市（6地区）、岐阜市（5地区）、静岡市（5地区）、宇都宮市（4地区）となっています。

つまり、全国的に駅周辺や中心市街地などで、再開発が旺盛に行われ、それに伴って新たに住宅がつくられているということになります。例えば、札幌市では、8地区中7地区がタワーマンションのある再開発となっており、札幌駅周辺はタワマン街化が進行しています（写真3－1）。

写真3-1　札幌市のタワマン街化

再開発で住宅供給が多い区は？

そこで、再開発に対する容積率等の規制緩和政策が推し進められてきた2002年の都市再生特別措置法施行の前と後で、市街地再開発事業による住宅供給の状況に変化があったのかを調べてみました[2]。

その結果、住宅供給を含む市街地再開発事業の地区は、都市再生特別措置法の施行前は全体の6割だったのが、施行後は8割に上昇していました。つまり、都市再生特別措置法の施行後の市街地再開発事業の方が住宅供給を伴う再開発が増え、ここ20年間

自治体名		高さの平均（m）	住戸数計（戸）
1位	中央区	186	2万2774
2位	品川区	129	8780
3位	港区	175	8149
4位	新宿区	177	7742
5位	葛飾区	133	3269
6位	横浜市	102	3082
7位	豊島区	153	2918
8位	川崎市	156	2611
9位	荒川区	139	2590
10位	さいたま市	100	2422
11位	板橋区	124	2298
12位	江戸川区	110	1878
13位	世田谷区	93	1548
14位	中野区	125	1204
15位	川口市	92	1142
16位	文京区	180	1054
17位	八王子市	140	991
18位	千代田区	135	988
19位	横須賀市	126	907
20位	北区	131	848

図表3-2　**1都3県の第1種市街地再開発事業による住宅供給の戸数ランキング**

※都市再生特別措置法施行年度後に都市計画決定（変更）がなされた事業（2003〜2022年度）が対象。未竣工・権利床も含む

データ出典：国土交通省「令和4年都市計画現況調査」市街地再開発事業データ、住戸数と高さは、全国市街地再開発協会『日本の都市再開発』第1〜9集の第1種市街地再開発事業に関するデータをもとに作成

で行われた市街地再開発事業の８割で、住宅が新たに建設された（未竣工含む。以下同じ）ということになります。

そして、１都３県で住戸数を合計すると、都市再生特別措置法の施行後、市街地再開発事業によって計８万９０８２戸、その78％（６万９２２８戸）が東京23区内でした。また、神奈川県では８０２９戸、埼玉県では６５１５戸、東京市部では４１０９戸、千葉県では１２０１戸となっていました。

では、1都3県の中で、市街地再開発事業を通じて多くの住宅がつくられたのはどのエリアでしょうか。

筆者の調査[2]（図表3－2）では、1位が中央区で2万2774戸とダントツでした。これは東京五輪選手村に整備された晴海フラッグの大量の住宅供給も関係しているものと考えられます。ついで、品川区8780戸、港区8149戸となっています。

また、高さの平均を算出してみると、世田谷区・川口市を除く全ての自治体で100mを超えていました。つまり、再開発の多くで、タワーマンションがつくられているのは明らかです。

なお、このデータは2022年3月末までに都市計画決定がなされた市街地再開発事業を対象にしており、その後も、続々とタワーマンション付きの再開発案件が検討されています。ですので、これからも確実に住戸数は増えていくでしょう。

市街地再開発事業の仕組み

ここで、少し専門的ですが、まずは市街地再開発事業の仕組みを説明したいと思います。

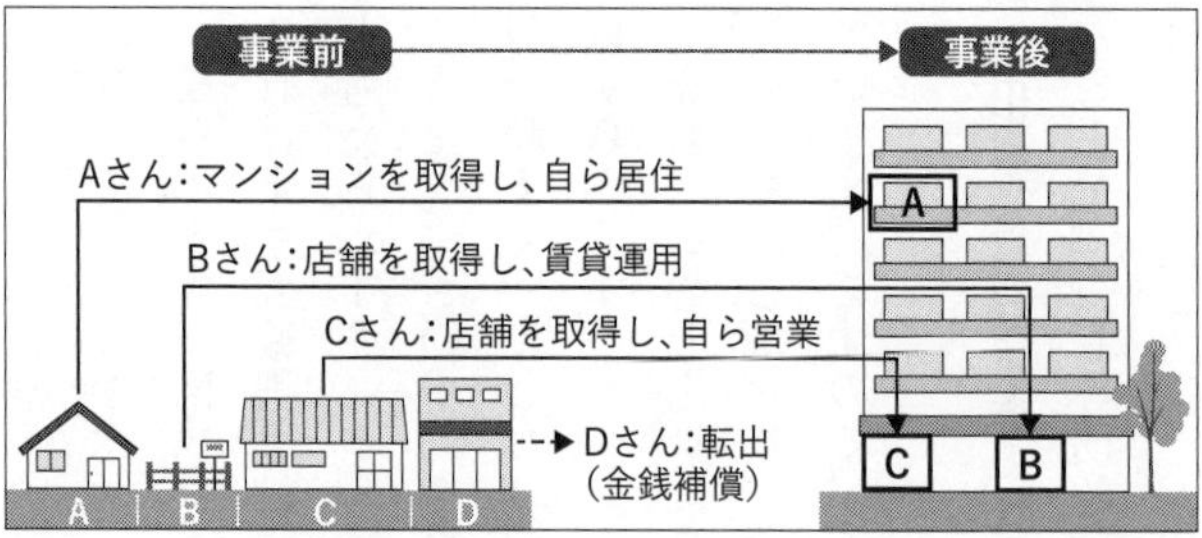

図表3-3　第1種市街地再開発事業の仕組み

市街地再開発事業とは、土地が細分化していたり、老朽化した建物が密集していたり、道路などのインフラが不十分であったりする区域において、土地を集約して効率的に建物を建て、不足している道路・広場・公共施設等の整備を行い、都市に必要な機能の更新や市街地環境の向上を図るための事業手法です。

市街地再開発事業には、第1種と第2種の2種類があります。一般的に行われているのは、権利変換(等価交換)方式で行われる第1種市街地再開発事業です。

第1種市街地再開発事業では、開発区域内の土地・建物所有者等は、もともと持っていた土地・建物の評価額や権利に応じて等価で再開発ビルの床(権利床)を取得する、「権利変換方式」を基本としています(図表3-3)。再開発ビルをつくる際に、権利床だけでなく、新たな床(保留床)を生み出し、その床を売却して事業費をまかなう仕組みとなっています。

再開発に対しては、補助金などの様々な支援が用意されており、地権者や事業者には税制上の優遇措置などもあります。なお、再開発に参加せず、区域外に転出する地権者等には、金銭による補償が行われます。

一方、第2種市街地再開発事業は、公共性・緊急性が著しく高い区域に適用されます。いったん施行地区内の建物・土地等を施行者が買収、または収用するという用地買収（管理処分）方式で行われるため、そこまで数が多いわけではありません。例としては、東京都が施行者である「大橋地区第二種市街地再開発事業」があります。これは、首都高速の3号渋谷線と中央環状線を連結する「大橋ジャンクション」という公共性・緊急性が著しく高いインフラを周辺市街地と一体的に整備するというもので、第2種市街地再開発事業として進められました。

こうした第1種・第2種の市街地再開発事業は、都市再開発法に基づいて行われます。ですので、法定再開発とも言われます。この都市再開発法は、1969年、大都市の過密化や都市環境の悪化が問題になっていた高度経済成長期に施行されたものです。

都市再開発法の目的（第一条）は、「この法律は、市街地の計画的な再開発に関し必要な事項を定めることにより、都市における土地の合理的かつ健全な高度利用と都市機能の更新とを図り、もつて公共の福祉に寄与すること」とされています。つまり、市街地再開発事業は「公共性」の高い事業と位置づけられているのです。そのため、どこでも市街地再開発事業が行えるというわけではなく、都市再開発法で施行できる区域や施行者などの要件が決められています。

そして、法定再開発には「公共性」があるということで、地権者等の全員合意ではない場合でも事業が可能となるよう、法的な強制力も付与されています。具体的には、市街地再開発組合の設立は、区域内の地権者5名以上で、かつ区域内の宅地所有者及び借地権者それぞれの3分の2以上（面積及び人数）の同意で可能となっています。ですので、たとえ3分の1未満の反対があっても進めることができるようになっているのです。分譲マンションの場合、建替えを決議するには、区分所有者及び議決権の各5分の4以上[3]の賛成が必要となっていることに比べて、市街地再開発事業に対しては、合意形成のハードルが低く設定されています。

また、その市街地再開発事業に「公共性」があるか否かの判断については、都市計画決定の手続きや自治体等の事業計画認可の手続きなどによって担保されると説明されています（計画による公共性）。この点については重要な問題も含むので、後ほど詳しく説明します。

第1種市街地再開発事業の事業収支の構造

次に、第1種市街地再開発事業における事業収支の構造を図表3-4に示します。

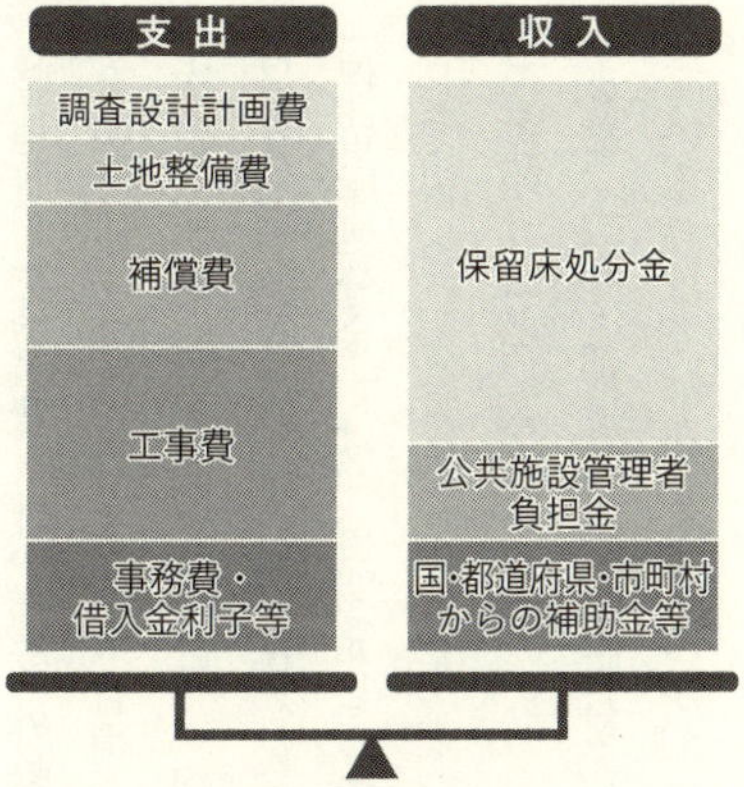

図表3-4　**第1種市街地再開発事業の事業収支の構造**
データ出典：UR都市再生機構のウェブサイトを参考に作成

まず、主な支出金には、「調査設計計画費」「土地整備費」「補償費」「工事費」「事務費・借入金利子等」があります。

「調査設計計画費」は、地権者等の合意形成等のコーディネート、事業計画や権利変換計画の作成、再開発ビルや道路等の設計・工事監理、権利関係等の調査や測量・地質調査・登記などにかかる費用です。「土地整備費」は、建物の解体費や整地費、「補償費」は、地区外転出者に対する補償、地区内の権利者が工事のため土地を明け渡す際に生じる損失費用などに対する補償です。

次に、主な収入金としては、「保留床処分金」とともに、「公共施設管理者負担金」（再開発で道路等が整備される場合に自治体から支払われる負担金）があります。

「保留床処分金」は、再開発ビルで生み出された床のうち、権利床を除いた保留床を売却して得られる資金です。基本的には、この保留床処分金でほとんどの事業費（支出金）を賄うことになります。

また、「国・都道府県・市町村からの補助金」は、全ての市街地再開発事業に投じられているわけではありませんが、自治体によっては、かなりの額の補助金を再開発に投入しています。場合によっては、国からも一定割合で補助金が受けられるようになっています。

このように様々な費目が関係してくるわけですが、市街地再開発事業を成立させるためには、支出金と収入金を同額にしなければいけないことになっています。

高コスト化する市街地再開発事業

市街地再開発事業は、各敷地で個別に建替えを行う場合に比べて、どうしても高コスト化してしまう枠組みとなっています。この点について少し詳しく見ていきましょう。まず、再開発事業の支出金に大きな影響があるのが「工事費」です。再開発ビルの建設や設備にかかる「工事費」については、年々大幅に上昇しており、再開発の関係者は戦々恐々としています。今後も職人の高齢化などで担い手不足はさらに深刻化することが懸念されています。こうした人件費の問題だけでなく、このまま円安が続けば鉄骨・鉄筋等の原材料や設備など輸入に頼る建設資材の負担も大きくなります。こうして「工事費」がますます上昇していった場合、当然、市街地再開発事業の支出金も増えていくことになります。

高コスト化する要因は、「工事費」だけではありません。市街地再開発事業を行う場合、「土地整備費」の中には、開発区域内にあった建物等の解体費や整地費が入ってきます。そしてこの解体費も、アスベスト対策・廃棄物の分別作業・産業廃棄物の処理等にかかる費用や人件費の上昇によって高騰しています。

これらが支出金の増加につながってきます。特に再開発事業は、駅前エリアなどで行うことが多いですが、こうした開発区域の中には、木造建物だけではなく、鉄筋コンクリート造のビルなども入ってくることになります。こうした堅牢な建物が多ければ多いほど、開発区域内の解体費だけでも相当な金額になっていきます。例えば、写真３‐２は、「センベロ（千円でベロベロになるまで酔える）」街として愛されてきた「立石駅北口地区第一種市街地再開発事業」の区域内のものです。ちょうど鉄筋コンクリート造のマンションで解体工事を始めようとしていることがわかります。

さらに、再開発ビルの工事中、店舗などが一時的に移転する際の営業補償、地権者等の仮住居補償などの「補償費」も支出金に含まれてきます。

写真3-2　再開発区域で解体工事が進められている京成立石駅の周辺（2023年９月撮影）

再開発事業に加わらず、地区外に移転する権利者への補償金も必要となりますが、地価が高い駅前の事業の場合、「補償費」も高くなります。

また、「調査設計計画費」も、駅前や中心市街地で再開発事業を行う場合には増加しがちです。なぜなら、古くからある街では土地や建物の権利関係が複雑になっていたり、所有者が多数化・不明化しているケースも増えており、不動産の権利関係の調査や調整・整理に手間も時間もお金もかかってくるからです。

通常、自分のビルを建て替える場合には、建物の解体費や設計費に加えて、借家権の整理が必要な場合には立ち退き料や弁護士等の専門家への委託費が必要になります。しかし、市街地再開発事業に参画すれば、地権者等は、もともとの土地・建物の評価額と等価の新しい再開発ビルの権利床を、持ち出しなく取得できる仕組みになっています。

このような事業構造となっている市街地再開発事業では、補助金以外の主要な収入源となる「保留床処分金」が、事業性を確保するための重要な鍵を握ることになります。再開発を進める立場からすると、再開発で新たにつくった床（保留床）がより多く確保でき、なるべく高く売ることができれば、事業性を確保しやすくなるわけです。その結果、事業採算性を向上させるため、再開発ビルは「高く大きく」建てようという方向になり、それに伴ってさらに「工事費」がますます増えていく……ということになっているのです。

このように、再開発事業は、各敷地で個別に建物を建て替える場合に比べて、どうしても「高コスト化」する構造となっているのです。

「高く大きく」なる理由

そもそも、なぜ再開発では「高く大きく」建てることができるのでしょうか。

それは、敷地を共同化することで効率的に建物をつくれるようになることに加え、市街地再開発事業は「公共性」のある事業ということで、容積率などの規制が緩和される都市計画手法が種々用意されているからです。

この容積率とは、各敷地で建てることができる建物のボリューム（床面積の合計）のことです。

市街地では、都市計画によって容積率の上限が指定されています。各地域の容積率は、一般的に、建築物の規模と、道路・上下水道・緑地・広場などインフラとのバランスや、採光・日照・通風・開放感等の市街地環境を総合的に確保できるように配慮したうえで、その土地を活用できる限度として定められると説明[4]されています。

東京都の場合、民間事業者が、地域に不足している道路・歩道・公園・広場・バスターミナル・地下鉄出入口・子育て支援施設や住宅を整備する場合に、これらを「公共貢献」として評価し、容積率の割り増しができるようになっています。いわば、容積率の割り増しと引き換えに、公共貢献を求めることで、民間開発を通じて都市政策で掲げた目標を実現しようとしているわけです。ちなみに、どの公共貢献を行うかは民間事業者にゆだねられており、自治体がこの整備をしなさいという形にはなっていません。また、どの公共貢献に対してどの程度評価したかは公開されるわけではありません。

なお、公共貢献として広場や歩道などを整備することで、事業者には容積率の割り増しという「受益」がありますが、これらの維持管理は、タワーマンションの区分所有者（管理組合）の「負担」になっているケースも多く、こうした受益と負担の不一致も問題視されるようになっています。

容積率の割り増しの多発が一極集中を助長

このように再開発事業では、自治体とデベロッパー等との間の協議によって、個々の開発案件ごとに容積率の割り増しという規制緩和が行われることが一般的となっています。しかし、都市全体としてのゴールを設定したうえで容積率の割り増し量を調整しているわけではありません。そのため、市街地再開発事業が行われるたびに、実際に建てられる建物のボリューム（床面積）の合計は、どんどん積み上がっていくことになっているのです。

ここで、ちょっとマニアックで恐縮ですが、「容積率充足率」という指標について説明します。「容積率充足率」とは、各区の都市計画で指定された容積率の平均に対して、実際に建てられている建物の容積率がどの程度の割合になっているかを示すものです。

この「容積率充足率」は、図表３-５のとおり、都市再生特別措置法制定後のこの20年間で右肩上がりに上昇し、２０２２年には、23区全体の平均容積率充足率が64％になっています。

通常、指定された容積率をその自治体全体で使いきる（容積率充足率が１００％を超える）ということはありません。その理由には、駐車場など建物の建っていない土地があることや、容積率が指定される以前からある建物が建て替えられていないことがあります。また、敷地の前面道路が狭い、あるいは道路に接していない敷地などの場合は、指定されている容積率よりも小さく建てなければいけないという建築基準法の規制があることなども関係しています。

しかし、図表３-５のとおり、容積率充足率は、千代田区１２３％、中央区１０４％、港区１００％と、都心３区については、容積率充足率が１００％を超えた状況にまでなっています。つまり、個々の再開発で容積率の割り増しが繰り返されてきたこともあり、都市計画として定めた容積率を超えた都心３区で建築可能とされる建物のボリュームはすでにキャパシティを超過した、とみることができます。これは、都心３区に開発案件が集中してきた証と捉えることもできます。

ここで、都市政策の一環で規制緩和をするといっても、区全体としてすでに指定された容積率を超過する状況になっているのに、なぜ容積率の規制緩和を続けているのかという疑問が生じます。

筆者自身も、都心３区については、これ以上、容積率の緩和を可

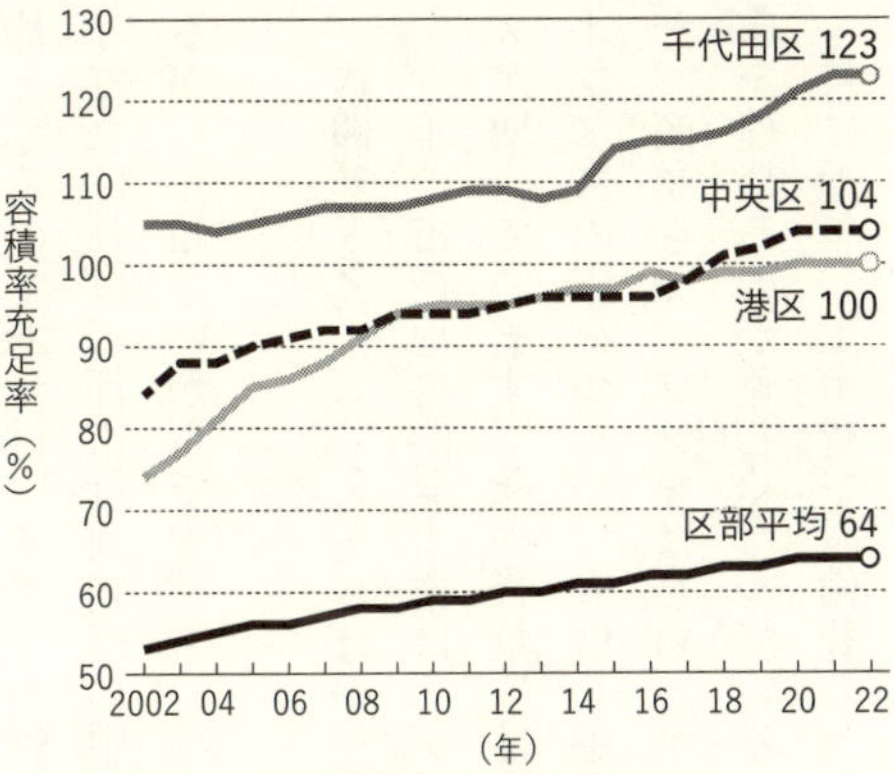

図表3-5　都心3区の容積率充足率の推移
※容積率充足率＝概算容積率／指定平均容積率×100
概算容積率は、民有宅地の課税宅地面積に対する課税建物の延床面積の割合、指定平均容積率とは指定容積率にそれぞれの面積を乗じた値を集計し、用途地域指定総面積で割った数値である
データ出典：東京都「東京の土地 2022（土地関係資料集）」をもとに作成

能とするのであれば、その正当性や妥当性をきちんと説明すべきと考える一人です。そうでなければ、都市計画制度の中で、容積率という規制そのものの根拠や存在意義を揺るがしかねないからです。

再開発でタワーマンションばかり建つ理由

近年の市街地再開発事業は、タワーマンションをつくることだけが主眼のようなケースが増えています。その背景には、コロナ禍以降、特にオフィス需要が低下しており、オフィスの床をつくっても借り手を見つけるのが困難になっていることがあります。また、商業もアマゾンをはじめとするインターネットショッピングが普及する中、店舗で床を埋めるのが難しくなっていることも影響しています。

特に近年、工事費や設備費の上昇が著しい状況の中で事業性を確保するため、より高額に売れる・貸せる床を多く確保する必要が生じています。その結果、大量の保留床が生み出せて、そのほとんどが売れると見込めるタワーマンションにするという選択がなされるケースが急増しています。デベロッパー等の立場で保留床を売却することを考えると、特にタワーマンションなら高く売れる可能性が高く、分譲なら短期で事業費を回収できて「売りっぱなし」で良いため事業リスクも低減できるということで、メリットが大きいのです。

縷々《るる》説明した再開発特有の問題に加えて、第2章でも述べたように、投資層・富裕層・外国人が「都心のタワーマンションは資産価値の上昇が見込める」「転売すれば更に儲かる可能性がありそう」とみて、不動産投資を活発化させていることも大いに影響しています。こうしたニーズもあり、近年は、再開発を推進するデベロッパー側も、投資層・富裕層・外国人などからの需要が見込めるような高級路線のタワーマンションの建設に力を入れるようになっています。正直、こうしたトレンドから、ちょっと便乗値上げではと疑問に思うケースもあります。

特に東京都では、都市政策として、オフィスや商業施設だけでなく、「都心居住の推進」ということで住宅供給に対しても容積率等の緩和を行ってきました。要件を満たせば、東京都とデベロッパー等との協議を通じて、最大で300%（2019年12月末までは500%）もの容積率ボーナスが得られるようになっていることも、タワーマンションの建設を後押ししていると言えます。

また、東京都以外の自治体も、長期的に人口減少が進むことへの危機感が強く、民間資金やノウハウを活用してタワーマンションが建てば人口と税収が増えるため大歓迎と、容積率等の規制緩和に積極的なところが多いのが現状です。

このような理由から、都心や駅前などの市街地再開発事業でタワーマンションばかりつくられています。そしてこの流れが止まらないのです。

やめられない止まらないタワマン建設

筆者が特に問題視しているのは、個々の市町村ごとの視点で再開発が進められるため、都市圏全体でみた場合、需要を超えて過剰に住戸を供給し続けてしまう現状です。現行の都市計画には、都市圏全体を見渡したうえで、供給する住戸数のボリュームを調整するという仕組みがありません。このためこうした事態に歯止めをかけることができていないのです。

2000年以降の地方分権化の流れの中で、都市計画に関わるほとんどの権限は市町村が持つようになりました。政令指定都市は都道府県とほぼ同様の権限を持っています。こうした地方分権によって各基礎自治体の創意工夫を生かした街づくりが進められることは地域の実情に応じた都市政策を行っていくうえで非常に重要です。ただ、各市町村は少しでも自分たちの街に人口や開発を呼び込みたいために、同じようなタワーマンションの建設が続く事態から脱却できないという事態に陥っています。

こうした構造的な副作用は日本全国の市町村に共通する問題ですが、ここでは川崎市を例に考えてみましょう。

川崎市では、これまで武蔵小杉などの川崎市南部の工場跡地等の再開発などでタワーマンションが林立しました。今後はさらに、市北部の麻生区や多摩区でも再開発の計画が浮上しています。こうした再開発の計画を進めていこうという地域は、自治体が策定する「都市再開発の方針」といったマスタープランの中に位置づけられる必要があります。実際に、川崎市の「川崎都市計画　都市計画区域の整備、開発及び保全の方針の変更等の素案について」（2024年4月）を読み解くと、図表3－6に示すとおり、今後、新百合ヶ丘駅周辺地区、虹ヶ丘2丁目地区（新駅周辺）、鷺沼4丁目地区、武蔵中原駅前地区、延伸予定の横浜市高速鉄道3号線沿線の市街地、北部市場の市街地、津田山駅周辺などが「1号市街地」・「整備促進地区」・「2号再開発促進区」といった地区に指定されていることがわかります。これらの地区の中には、すでに再開発によってタワーマンションの開発が予定されているところもあります。

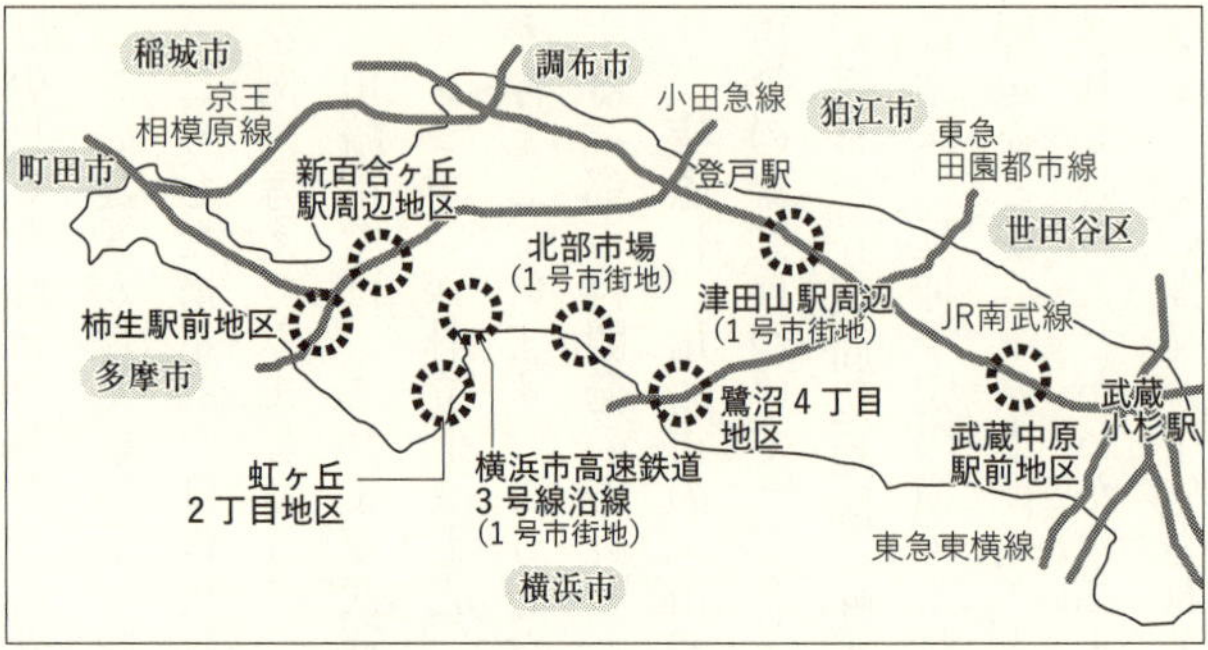

図表3-6　市街地整備や再開発の促進に向けて川崎市が新たに指定する予定の地区（2024年4月の素案）

※都市再開発の方針の中に、1号市街地・整備促進地区・2号再開発促進区として新たに指定予定の地区と、住宅市街地の開発整備の方針として新たに指定予定の地区を図示

出典：川崎市都市計画素案説明会資料「6 都市再開発の方針(素案)の概要について」（令和6年4月）の図を加工して作成

例えば、小田急線の柿生駅南口の「柿生駅前南地区第一種市街地再開発事業」では、低層部に商業施設等を入れた約300戸のタワーマンション（高さ約110m）が2026年の竣工に向けて建設中です。

また、同じ小田急線の登戸駅では、「登戸駅前地区第一種市街地再開発事業」の都市計画決定が2023年11月になされました。低層部に商業施設を入れた約450戸のタワーマンション（高さ約140m）が建てられ、2028年度に竣工予定です。

さらに東急田園都市線では、「鷺沼駅前地区第一種市街地再開発事業」の都市計画決定が２０２３年９月に行われました。駅前街区では、商業施設と市民館（大ホール）や図書館等とともに、約３４０戸のタワーマンション（高さ約１３３ｍ）が２０２９年に竣工予定となっています。また、北街区も、区役所と市民館（小ホール）等を入れた約１１０戸のタワーマンション（高さ約89ｍ）が２０３２年に竣工予定となっています。

もちろん、再開発自体は駅や駅前の再整備に必要です。しかし、特に川崎市は、市域が南北に細長い形状なので、川崎市が行う再開発は、同じ鉄道沿線にある近隣自治体の開発需要にも大きく影響します。しかし、周辺の自治体と協議・調整をした上で、各自治体が再開発を進めていくといった仕組みが現行の都市計画の中にないのです。

概して市町村は、どうしても自分たちの街を中心とした「部分最適」の視点で都市政策に取り組みます。これは否定されることではなく、各市町村の立場からすれば当然のことです。

しかし、特に郊外や地方都市では、再開発エリアだけが人口増加の一人勝ちを続けてもあまり意味がありません。というのは、実際にタワマンがつくられても、市町村内で人口移動が起きているだけだったり、周辺自治体から流入しているだけだったりと、都市圏全体として見ると人口が増えているわけではないケースが多いからです。つまり、今後、住宅を取得しようと考える年齢層がますます減少していく中では、限られた住宅需要に対して、都市圏の中でどうバランスをとりながら、それぞれの地域がどう持続可能な状態をキープしていくのかという「全体最適」の視点が非常に重要となるのです。

そのため、少なくとも大量の住宅供給を伴う再開発については、周辺の市町村と、開発内容や供給する住宅戸数のあり方などについて広域的に調整するための、法的な都市計画の枠組みづくりが不可欠なのです。

郊外の駅前にタワマンは必要ですか？

そもそも郊外の駅前にタワーマンションは必要なのでしょうか。本書の執筆を進めるにつれ、筆者の疑問はどんどん大きくなっています。

都心部などの地価が極めて高いところにたくさんの人が居住できるようにせざるを得ないならまだしも、郊外の駅前で、上へ上へと「高く大きく」して密集して住む必要はあるのか、その街らしさを生かした形なのか、今一度、立ち止まって考えるべきではないでしょうか。

再開発を事業として成立させるための資金回収の手段のような形で、郊外の駅前にまでタワーマンションをつくり続けることは、これから世代交代を進めるべき郊外の住宅需要を一気に吸い取ってしまいかねません。

第５章で紹介していますが、２０３０年頃から、交通利便性の高い郊外住宅地についても大量に相続が発生します。つまり、これからは「都市再生」よりも、郊外住宅地の既存住宅が若い世帯にも選ばれるようになるための「住宅地再生」が極めて重要になってきます。

そのため、郊外の駅前再開発は、東京都心へ通勤するためのベッドタウン化を助長する形ではなく、若い世代のニーズに即した郊外住宅地に生まれ変わらせることが求められます。例えば、住宅地の駅前エリアに、子育て世帯も集いたくなるような広場を整備することも一案でしょう。広場のようなオープンスペースであれば、将来、本格的な自動運転時代が到来した時に、自動運転バスの乗降スペースに転用できる可能性があります。また、リモートワークや副業といったこれからの働き方を見据えてサテライトオフィスやシェアオフィスを増やせば、郊外の駅前が「通勤先」となる可能性もあるでしょう。そうした住宅地の再整備こそが、これからは必要だと思います。

実際に、タワーマンションありきの駅前再開発について、自治体の姿勢にも変化の兆しが見えています。それは三鷹市です。

筆者のゼミ生の間でも「三鷹市は新たな駅前再開発を目指している」というニュースがとても話題になりました。「日経グローカル」の三鷹市の河村孝市長のインタビュー記事[5]によると、商業施設と都市再生機構（UR）の賃貸住宅が入る築60年の古いビルのある区域を対象に、タワーマンションを建てる形ではない新たな再開発を目指すとされています。そして驚くことに、地権者からも「そんなにもうからなくてもいいから、超高層ではないものを」といった声が出ているそうです。

三鷹市の公式ウェブサイト（2023年3月）[6]にも、「三鷹駅南口中央通り東地区再開発事業では、市の表玄関、三鷹の顔となる地域である三鷹駅前が、活性化の拠点として多くの市民が集まり、まちのシンボル、特に子どもの笑顔と夢であふれる楽しい空間となるように、「子どもの森（仮称）」をイメージコンセプトとした再開発事業をめざします」とあり、再開発によって商業施設や公共施設・住宅を整備するとともに、森の中を感じさせる多機能な広場や緑豊かな遊歩道をつくるというイメージコンセプトが紹介されています。

筆者自身、本書を執筆するにあたり、様々な再開発事例を見てきましたが、近年進められている再開発は、23区内も郊外も地方都市も、1～3階の低層部に商業施設、その上はほぼタワーマンションという開発スタイルばかりです。実際に、各地区の再開発のパース（イメージ図）を机の上に並べてみたら、どこの街の再開発なのかわからないほどに本当にどこも同じなのです。これでは、街が育んできた個性や魅力、コミュニティをあまりにも軽視していると言われても仕方がないでしょう。

市街地再開発事業には、何としても事業性を確保しなければならない――という難しい課題があるのも事実です。それでも、専門家が知恵を出し合い、三鷹市のような新しい再開発に挑戦し、その街らしさがさらに輝くような再開発が日本全国に増えてほしいと願うばかりです。

再々開発も必要な時代に

都市再開発法が施行されたのが1969年と50年以上が経過する中で、「高経年」の再開発ビルの問題も出現し始めています。約30～50年前に再開発で建てられた建物が老朽化したり、時代に合わなくなってきたりしているのです。そこで、再開発した区域を再度、再開発する「再々開発」をしたいという声が、デベロッパーなどから聞かれるようになっています。確かに１９７０年代～１９８０年代につくられた駅前の古い再開発ビルでは、１階や地下の権利床と思われる店舗の所有者が他界して相続が発生し、その後、空き店舗化しているところも見られます。

しかし、一度目の再開発によって、地権者等の土地が共有化され、再開発ビルも元からの地権者と保留床取得者によって区分所有されるケースが多いため、再々開発をするには再開発時よりもさらに多くの権利者との合意形成が必要となります。その結果、動かしたくても動かせないという状況に陥っているケースも出現しています。もちろん、こうした権利関係は、再開発ごとに異なっていますので、将来の建替えなどを見据えた権利設定をしているケースもあります。

このように再開発によってさらに権利関係が複雑となる区分所有化の弊害を知るにつけ、今行おうとしている市街地再開発事業で建物をつくればそれでいいというのでは、さらに50年後、１００年後に、再々開発を行おうとした際に大きな足かせになりかねないと、危機感を覚えます。特に、「高く大きく」つくられた再開発ビルの場合、再々開発のための解体費はさらに莫大となるなど、高コスト化することは明らかです。今すぐにでも何らかの対策を講ずることが必要不可欠だと痛感します。こうした将来世代への配慮は、再開発に関わる全ての人が考えるべき重要な宿題だと思うのは私だけでしょうか……。

見直すべき再開発の一律的取り扱い

都市再開発法の制定から50年以上、都市再生特別措置法の制定から20年以上が経過し、日本を取り巻く社会経済状況も大きく変わっています。振り返ればバブル崩壊後、都心を中心に不良債権化した不動産が全く動かない時期がありました。とにかく民間主導で「市街地の再開発」を進め、バブル期に人口が激減した都心部で「都心居住の推進」を図ることは当時の悲願でした。このため、現行の再開発事業政策が今日まで進められてきたという経緯があります。しかし、20年前につくられた都市再生特別措置法の時代と今は状況が全く異なっています。にもかかわらず20年前のバブル崩壊後の視点や枠組みのまま、その延長線上に今の再開発ラッシュがあるのです。

特に、再開発が持つ「公共性」については、もう少し厳密に取り扱うべきです。同じ市街地再開発事業といっても、案件によって公共性の重みが異なります。その土地・建物の所有者等に協力してもらわないとバスターミナルが整備できないような場合と、土地をまとめてタワーマンションを建設することが主眼の再開発とでは、「公共性」の度合が明らかに違います。各再開発によって実現する「公共性」の度合に応じて、容積率等の規制緩和、補助金、税制上の優遇措置については本当に妥当かどうか、もうすこし厳しく検証するべきです。加えて、市街地再開発事業だからと、開発区域内の建物の解体費や補償費の全てを一律に事業費に計上する現行の考え方そのものも、見直すことが必要でしょう。場合によっては地権者等から一定の負担金を徴取したり、デベロッパーに開発利益の還元を求める方法もあるでしょう。再開発のあり方については、もう少し「公共性」の重みに応じたきめ細かい対応が必要と考えます。

これまで述べてきたとおり、「市街地再開発事業＝善」として、あまりにも再開発をひとくくりに取り扱ってきた副作用が顕在化しています。人口減少時代を迎える中で、各地域の特性に応じて、真に公共性がある再開発とはどのようなものかを明確にした上で、市街地の再開発を進めていくことが必要な時代になっています。

特に、再開発の推進ばかりに優遇策を設けるのではなく、耐震性も上げながら、既存の建物をうまくリノベーションして、地域の個性を大事にする方が得するような補助制度を創出することも必要不可欠です。

行き過ぎた「民間主導」のゆくえ

２０００年代の都市計画に関する規制緩和と同時に、「民間主導」を促し、民間の創意工夫を生かすための法整備がなされました。具体的には、２００２年の都市計画法改正により、土地所有者や民間事業者から自治体に対して都市計画策定の途中に、計画の変更などを提案できるようになりました。

この政策意図は、民間のノウハウや創意工夫によって再開発をより良い内容にしようというものでした。しかし、事業リスクの低減や収益の最大化を目指さざるを得ない民間事業者からの提案をベースにすると、結局のところ、低層部に商業施設や公共施設を入れて、その上に高く大きくタワーマンションをつくる形が大半となります。結果、どの駅前も画一的な街並みになるほか、弊害も明らかになっています。これまで街が育んできた独自の歴史や魅力を再開発によって潰しかねない――といった議論が起きている地域も少なくありません。

では、市街地再開発事業の計画を進めるうえで、行政と民間との間でどのような協議をするシステムになっているのでしょうか。

例えば、東京都では、一般的に、再開発組合やデベロッパーから東京都(規模が小さな場合は特別区)に対して、自分たちの意向を盛り込んだ開発計画案が提案されます。それをもとに東京都と民間の間で開発計画案について協議が行われます。

開発計画案の中で提案された公共貢献(例えば、道路や広場、地下鉄出入口、子育て支援施設等の整備)については、東京都が「新しい都市づくりのための都市開発諸制度活用方針」をもとにしながら評価します。どの程度、容積率の割り増しをするかなど、東京都と民間の間で非公開の協議が重ねられた後に、都市計画審議会に都市計画案として付議されます。ですので、都市計画審議会の場に提出される都市計画案は、ほぼ最終案の形になっています。そのため、都市計画審議会の場で議論された内容などが、開発計画案に反映されることはほとんどありません。また、都市計画審議会での審議の結果、当該再開発において配慮すべきことなどが付帯条件とされても、最終的にどうなったかといった報告や検証が必ずなされるわけではありません。

こうした点は、これまでも多くの都市計画の専門家から「ブラックボックスだ」と厳しく指摘されてきました。が、残念ながら、一向に改善される兆しはありません。

つまり、公共貢献に対して容積率の割り増しが過度に行われていないのか、その公共貢献はそもそもその地域で本当に必要なのかについて、客観的に評価されているわけではないのです。

こうした再開発に関する行政と民間との間の協議システムは、現代行政法の一般原則[7]とされる「市民参加原則」「説明責任原則」「透明性原則」から見てもやはり問題があると言わざるをえません。行政と民間の間で行われる開発計画の協議・調整が非公開であっても、少なくとも、計画案の変更余地がある段階で市民の声を聴く仕組みが必要です。

さらに、公共貢献の内容やそれに応じた容積率の割り増しの妥当性については、「説明責任」や「透明性」を確保するなどの新たな仕組みづくりも必要です。再開発などの専門知識を有する公平・中立な立場の専門家による第三者機関（例えば、再開発などについての高度なノウハウをもつ公的機関の独立行政法人都市再生機構〔ＵＲ〕[8]や学識経験者など）の事前審査を経る仕組みを導入することも検討に値するでしょう。

●注

1 国土交通省「令和4年都市計画現況調査」の市街地再開発事業のデータをもとに作成した。なお、2002年に都市再生特別措置法が施行されたが、その後、最も早く都市再生緊急整備地域の指定がされた札幌市が都市再生地区指定の都市計画決定を行ったのが2003年7月であるため、本分析では、都市再生特別措置法以降の市街地再開発事業として、2003年4月以降の都市計画決定を対象とした。

2 国土交通省「令和4年都市計画現況調査」の市街地再開発事業データ、住戸数と高さは全国市街地再開発協会『日本の都市再開発』第1～9集の第1種市街地再開発事業のデータをもとに分析した。また、住戸数には権利床を含む。都市計画決定済を対象としたため、未竣工も含まれる。なお、都市再生特別措置法の施行後とは、都市計画手続きに時間を要することを加味し、施行の次年度となる2003～2022年度のデータを分析した。

3 2024年6月時点で、建物の区分所有等に関する法律（区分所有法）の改正案が、秋以降の国会に提出される予定となっている。改正案では、耐震性などに問題があれば、決議に必要な要件について、所有者等の5分の4の賛成を4分の3に引き下げることが盛り込まれている。

4 国土交通省都市局都市計画課監修『都市計画法の運用Q&A』（ぎょうせい）などによる。

5 『日経グローカル』No.482「グローカルインタビュー　東京都三鷹市長　河村孝氏」（2024年4月15日号）

6 三鷹市ウェブサイト（作成・発信部署：都市再生部　三鷹駅前地区まちづくり推進本部）

「「子どもの森（仮称）」のイメージコンセプト」（最終更新日：２０２３年3月23日）

7　大橋洋一『行政法Ⅰ　現代行政過程論 第3版』（有斐閣、２０１６年）53－59ページ

8　独立行政法人都市再生機構には、「都市再生事業実施基準」において「関係者の合意形成が困難である等の場合において、機構の有する中立性及び公平性の活用が図られること」が規定されている。

第４章

中古マンション編：
住宅の流通量が増加する駅

合計特殊出生率が1・0を下回った東京

厚生労働省の最新の人口動態統計[1]によれば、2023年の全国の出生数は前年より4・3万人減少した72・7万人と過去最少となりました。合計特殊出生率も1・20と過去最低と報じられ、世間をざわつかせました。特に、東京都は、2023年の合計特殊出生率が0・99（全国で47位）となり、とうとう1を下回ってしまいました。また、神奈川県は1・13（全国で42位）、千葉県と埼玉県は1・14（全国で40位）と、1都3県は軒並み全国でも下位となっています。

こうした少子化の更なる深刻化は、住居費の負担が増していることも影響していると考えられます。若い世帯が自分たちの収入で住める住宅を探そうにも、住宅価格や賃料の上昇する中では、郊外に住まないのであれば、住宅の床面積はどうしても狭くならざるを得ません。こんな状況で十分な子育てができるだろうかと不安になり、子どもが欲しくても余裕がないと感じる若い世帯が増えているものと考えられます。若い世帯の住宅確保の支援策として、家賃補助や住宅購入費の助成をすればよいのではという話になりがちですが、それらの給付が家賃や物件価格を上昇させないようにする工夫も必要です。なぜなら、賃貸住宅のオーナーや住宅販売企業等が、税金で補助される分を見込んで更に家賃や物件価格を上げてしまうおそれがあるからです。

また近年、社会全体で働き方改革が進められています。とはいえ、担い手不足の中で、どうしても長時間労働をしなければ仕事がまわらない職場も少なくありません。長年の慣習ということでの非効率、不合理な業務や業務スタイルがまだまだ多いのも事実です。そんな中では、若い世帯はなるべく時間をかけずに通勤しやすい場所に住みたいということになります。しかし、第2章に記載したとおり、そうした職住近接を実現するエリアで入手可能な住宅は、乏しい状況となっているのです。

実際、私が教えている大学生たちからも、自分たちが結婚する時には、もう家は持てないのではないか……と将来を不安視する声を聞きます。大手企業から複数内定をもらった学生の何人かに、「その会社に就職することにした最終的な決め手は何？」と聞いてみると、もちろん自分のやりたい分野に配属される可能性が高かったからという声が一番多いのですが、それだけではなく、数年前までは聞かれなかった「社宅があったから」「住居費に関する福利厚生が充実しているから」という意見も聞かれるようになっています。若い大学生も、東京やその近郊で暮らしていくには住居費が多大な負担になることに不安感を持っているのです。

分析の方法

では、今の大学生がちょうど住宅の購入を検討するような年代となる２０３０～２０４０年頃、どのような街で住宅が多く市場に出回り、ひいては新たな開発余地になりうるのでしょうか。

本書では、２０２０年の国勢調査などのデータを用いて、高齢世帯だけが住む持ち家（戸建・マンション）の分布や量などのデータ分析を行うことで、今後、住宅の流通量が増える街はどこなのかといった将来予測を行いました。

分析は、２０２０年国勢調査（総務省）の町丁・字別データをもとに、各年齢層の人口、65歳以上のみの世帯数（夫婦のみ世帯・単独世帯）について、２０１８年住宅土地統計調査（総務省）などのデータから、２０３０年、及び２０４０年のそれぞれの時点で、住人が平均寿命85歳を迎える持ち家[2]の戸数（戸建住宅・共同住宅）[3]について推計しました。これをもとに、地理情報システムを使って、駅から徒歩圏内かどうかなどの空間解析等を行いました。

　また、本分析では、交通利便性が高いエリアのニーズが高いことから、首都圏の主要４駅（東京駅・渋谷駅・新宿駅・池袋駅）のいずれかに、乗り換え時間を含めて概ね30分以内でアクセス可能な駅のみを対象にしました。そして、これらの駅から徒歩で10分圏内（駅から８００ｍ圏内）にある町丁目のみを抽出し、駅ごとに、２０３０年・２０４０年における中古マンションと中古戸建の流通増加量を推計し、ランキングを作成しました。なお、各駅の徒歩圏内の住戸数は、各町丁目の住戸数を用いて面積按分で算出しています。そのため、隣接・近接していて徒歩圏が重複する駅では、いずれも同じ町丁目の戸数がカウントされています。

　この分析結果を通じて、今後どの程度事態は変わりそうか、そしてどのような街で住宅の流通量は増える可能性があるのかを具体的にイメージしていただけたら幸いです。本分析は全国全ての町丁目で行いましたが、紙面に限りがあるので、１都３県のみの紹介とすることをお許しください。

　なお、当たり前ですが、本分析で推計した住戸数が全て実際に住宅市場で流通するとは限りません。すでに大きな社会問題になっているように、持ち家は相続を機に空き家になる可能性が高いというのも事実です。ただし、マンション住戸を相続した場合には、

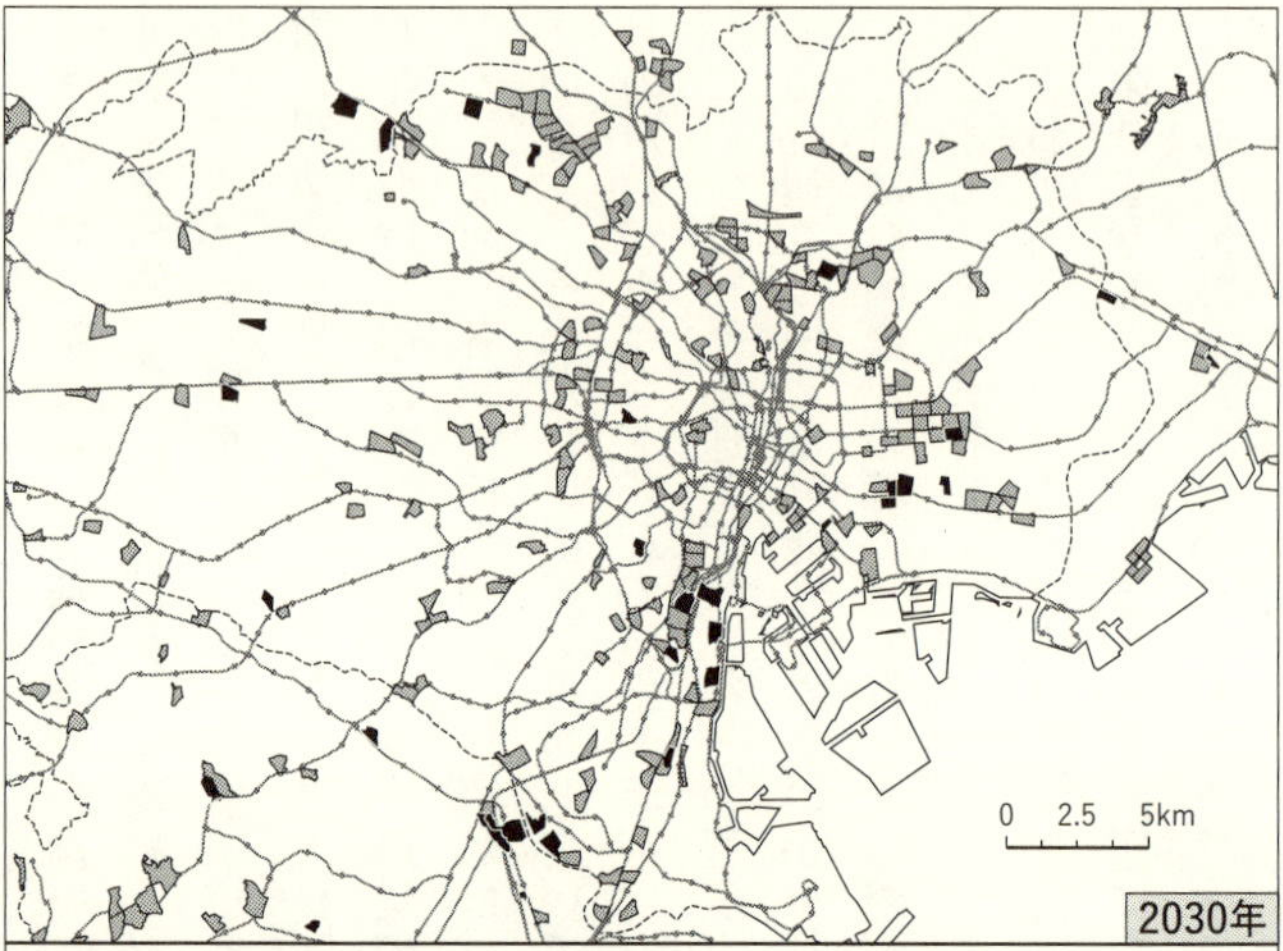

図表4-1-①　中古マンションの流通量増加が見込まれる駅から徒歩圏エリア（2030年）
※各町の重心が駅から800m圏内にある町を表示
データ出典：国勢調査（2020年）の町丁・字別データ、及び国土数値情報の2022年度版鉄道データ（国土交通省）をもとに分析・作成

毎月の管理費や修繕積立金などの負担はそれなりに大きいため、相続後、売却する・賃貸に出すといった方向へ向かいやすいものと考えられます。

中古マンションの流通量が増えるのは2040年頃

1都3県における中古マンションの流通増見込みについて、2030年と2040年のマップを図表4-1-①・②に示します。これを見ると、

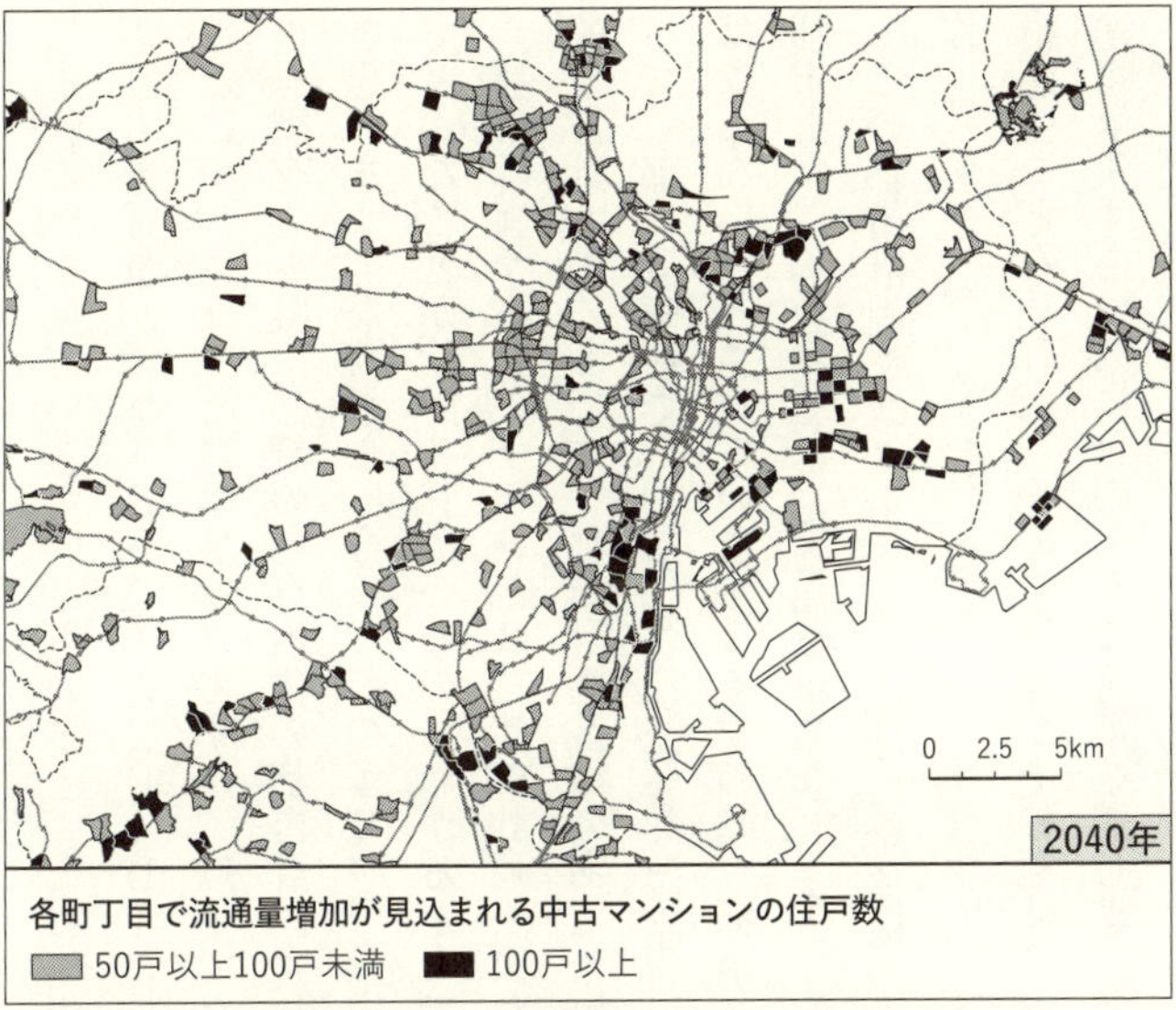

図表4-1-②　中古マンションの流通量増加が見込まれる駅から徒歩圏エリア（2040年）

※各町の重心が駅から800m圏内にある町を表示

データ出典：国勢調査（2020年）の町丁・字別データ、及び国土数値情報の2022年度版鉄道データ（国土交通省）をもとに分析・作成

中古マンションについては、２０３０年よりも２０４０年の方が、流通増が見込まれる町丁目の数が多いことがわかります。つまり、中古マンションについては、首都圏の交通利便性の高い駅周辺で、相続を機に大量に流通量が増えてくる時期は２０４０年頃になると見込まれるということです。

　以下では、もう少しミクロに、どのような駅の周辺で住宅の流通増が見込まれるかを見ていきたいと思います。なお、中古マンションについては、2030年よりも流通量が増加する見込みの2040年の推計データに着目します。

ここで、ちょっとマニアックですが、以下でクローズアップするエリアについては、街を調査する時に必読の各自治体の都市計画マスタープランにも触れながら考察したいと思います。なぜなら、今後、そのエリアでは道路や駅周辺の整備、再開発などについてどんなことが検討されているのかわかるからです。

都市計画マスタープランとは、都市計画法における「市町村の都市計画に関する基本的な方針」のことです。都市計画区域のある市町村に策定が義務付けられています。そして、都市計画法では、「市町村が定める都市計画は、基本方針に即したものでなければならない」とされています。ですので、都市計画マスタープランと整合性がとれない都市計画（道路整備や市街地開発事業など）を進めることはできません。

この都市計画マスタープランには、全体構想とともに地域別構想（自治体によって名称は異なる）が定められていることが一般的です。そのため、地域別構想の記述や将来構想図などを見れば、その自治体がその地域において何を課題としているのか、その課題を解決するためにどのような施策を講じようとしているのか、また、今後、取り組む市街地整備などについて概ねの方向性はどんなものかを読み解けることが多いのです。その際、特に注目すべき点は、その記載の具体性です。事業名や施設名など、具体的に書かれていれば書かれているほど、実現の可能性が高い、あるいは自治体が重点的に取り組もうとしていると読むことができます。

それでは、東京の都心3区、城南エリア、城西エリア、城北エリア、城東エリア、多摩方面、埼玉方面、千葉方面、横浜方面の駅の中で、主要4駅のいずれかに30分以内でアクセスできる駅を対象に、今後、どの駅の周辺で中古マンション（本章）や中古戸建（次章）の流通量の増加が見込まれるのかを見ていきましょう。また、実際にどのような分布になっているかを示すため、マップも掲載しています。なお、このマップで白くなっているところは、流通見込みの戸数が50戸未満の町丁目ですので、今後、中古マンションや中古戸建の流通量がゼロというわけではありません。ご留意ください。[7]

都心3区（千代田区・中央区・港区）

都心3区（千代田区・中央区・港区）で主要4駅（東京駅・渋谷駅・新宿駅・池袋駅）のいずれかから30分圏内にある駅のうち、２０４０年頃に流通する見込みの中古マンションの戸数が多い駅は、都営三田線の白金高輪駅・白金台駅、東京メトロの麻布十番駅、京急線の泉岳寺駅、ＪＲの高輪ゲートウェイ駅などです（図表４－２）。
マップ（図表４－３）を見ると、麻布十番駅から品川駅までの高輪台周辺の高台を中心とした一帯にまとまっていることがわかります。このエリアは、江戸時代、大名屋敷だった広い敷地に大使館やホテル、高校、財界人の邸宅やマンションが建ち並ぶ高級住宅地（写真４－１）です。

港区の都市計画マスタープランの「港区まちづくりマスタープラン」（２０１７年３月）を見ると、高輪地区のまちづくりの方針の中に、「品川駅及びＪＲ新駅（高輪ゲートウェイ駅）周辺における国際的な新拠点の形成」「品川駅の複雑な乗換え動線の解消や移動距離の短縮など乗継利便性の向上」といった記述が見られます。つまり、リニア中央新幹線の新駅が整備される品川駅や高輪ゲートウェイ駅やその周辺で、駅の大改造や道路整備などが行われる予定と読み解くことができます。

特に、筆者が注目したのは、「早期に整備する部分」として、リニア新駅方面

	約30分でアクセス可能な主要駅 ※2			
	東京	渋谷	新宿	池袋
	○	○	○	
	○	○	○	○
	○	○	○	○
	○	○	○	
	○	○	○	
	○	○	○	○
	○	○	○	
	○	○	○	
	○	○	○	
	○	○	○	○

順位	駅名	駅周辺の自治体	駅から徒歩圏内の相続発生見込みのマンション（戸）※1		主な路線名
			2030年	2040年	
1	白金高輪	港区	563	845	都営三田線・東京メトロ南北線
2	飯田橋	千代田区・文京区・新宿区	457	733	JR中央線・東京メトロ東西線・有楽町線・南北線・都営大江戸線
3	麻布十番	港区	457	686	都営大江戸線・東京メトロ南北線
4	高輪台	港区・品川区	454	684	都営浅草線
5	勝どき	中央区	463	682	都営大江戸線
6	白金台	港区	446	650	都営三田線・東京メトロ南北線
7	泉岳寺	港区	430	644	都営浅草線・京急線
8	人形町	中央区	358	559	都営浅草線・東京メトロ日比谷線
9	高輪ゲートウェイ	港区	368	555	JR山手線・京浜東北線
10	六本木	港区	377	545	東京メトロ日比谷線・都営大江戸線

図表4-2　**都心3区の中古マンションの流通量増加が見込まれる主要4駅から30分圏内の駅**

※1　駅から10分圏内（800m）にある住宅のうち、2020年時点で75歳以上世帯の住む持ち家が、平均寿命85歳で相続が発生すると仮定して筆者が推計した

※2　平日朝8時に出発駅から概ね30分以内（乗り換え時間含む）で主要駅に到着する場合とした

データ出典：国勢調査（2020年）の町丁・字別データ、及び国土交通省国土数値情報の2022年度版鉄道データをもとに分析・作成

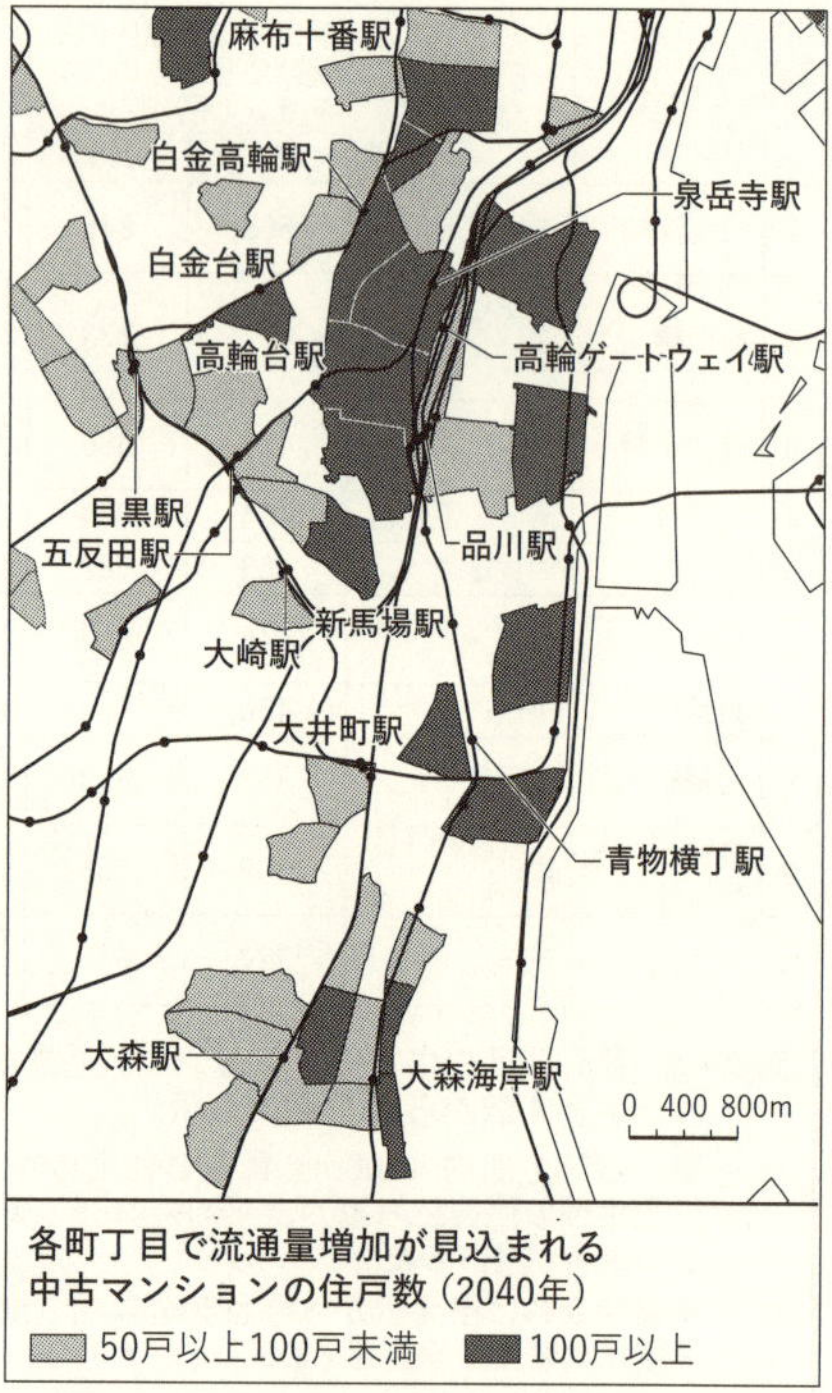

図表4-3　**都心３区・城南エリアの中古マンションの流通量増加が見込まれる駅徒歩圏エリア（2040年）**

※各町の重心が駅から800m圏内にある町を表示

データ出典：国勢調査（2020年）の町丁・字別データ、及び国土数値情報の2022年度版鉄道データ（国土交通省）をもとに分析・作成

から高輪台駅を経て、外苑西通りにいたる都市計画道路（環状第4号線）、白金高輪から恵比寿方向への都市計画道路（補助第14号線）について明確に書かれている点です（図表4－4）。こうした幹線道路整備のため、東京都による用地取得が進められていく中で建物が解体され、新築や建替えが進み、道路以外でも、今後街が大きく変化するから

です。都心3区は、首都としての業務・商業等の拠点エリアですので、今後も続々と大規模開発が行われる予定です。そのため、周辺で行われる大規模開発によって、住環境としても大きく変化していく可能性があります。

写真4-1　高級マンションが建ち並ぶ白金高輪

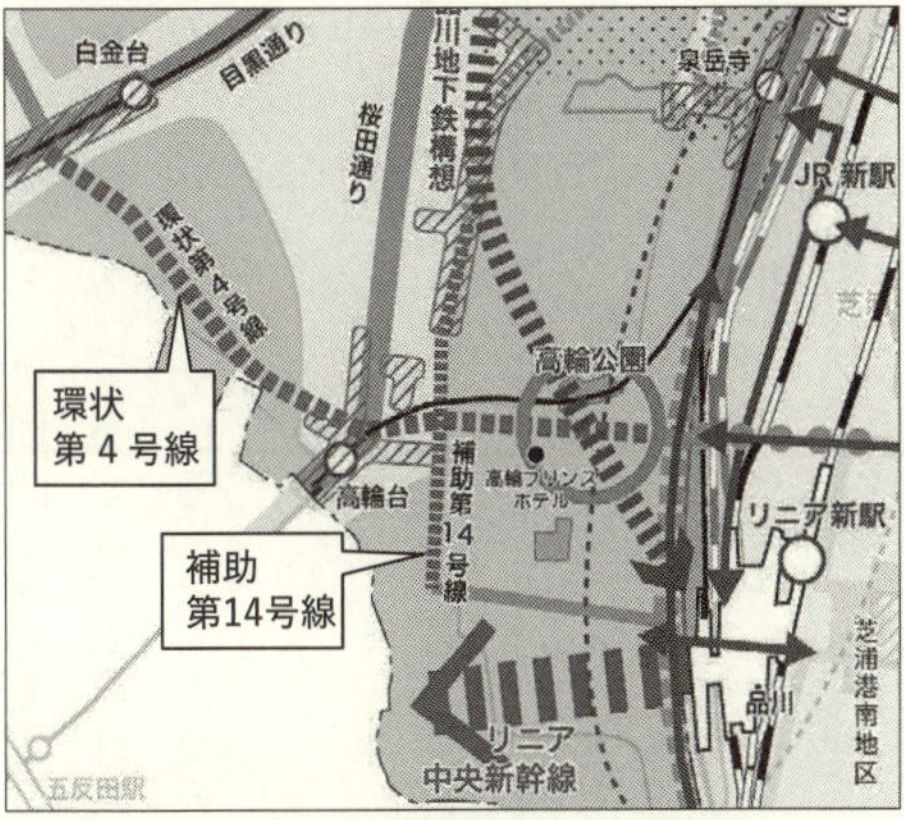

図表4-4　港区の都市計画マスタープランの
高輪地区のまちづくりの方針図

地図出典：「港区まちづくりマスタープラン」（2017年3月）をもとに加筆

このように、都市計画マスタープランを見ると、長期的な街の変化を、ある程度予見することができます。ただし残念ながら、自治体によっては、都市計画マスタープランの記述がスローガン的、抽象的なものばかりとなっている場合もあるので、一概に参考になるとは言えないところもあります。

また、図表4-2のランキングには入っていませんが、都心3区には、「番町」と呼ばれる超高級住宅地（千代田区）があります。城西エリアのマップ（182ページの図表4-7）を見ると、市ケ谷駅と半蔵門駅の間に、中古マンションの流通増が見込まれる町丁目がまとまっていることがわかります。

興味深いことに、この番町エリアでは、他の街に比べて、古いマンションの建替えや敷地売却の事例が相次いでおり、全国的にも非常に珍しい状況となっています。公益社団法人全国市街地再開発協会によるマンション再生協議会の調査[8]によると、番町エリアは、近年古いマンションの建替えが3件、敷地売却（区分所有を解消し、マンションを解体して敷地を売却する手法）が2件も実現しています。具体的には、五番町マンション（39戸・築46年）[9]、ライオンズマンション一番町第2（117戸・築38年）、麴町山王マンション（57戸・築51年）で建替えが実現しています（写真4－2）。また、「番町ヴィラ」（30戸・築44年）、「麴町三番町コンド」（23戸・築45年）で敷地売却が実現しています。

このように番町エリアで古いマンションの建替えや敷地売却が多いのは、都内でも非常に人気の超高級住宅地であるため、建替えを支援したいというデベロッパーなどから引く手数多の状況だからでしょう。特に、地価が非常に高いため、マンションを解体した後に得られる敷地の売却益や、建替え後の資産価値の上昇が、区分所有者の合意形成の後押しになったものと考えられます。また、番町エリアは、住環境を守るための地区独自のルールで建築物の高さ規制をしてきたため、大規模なマンションが建ちにくく、その結果、合意形成すべき区分所有者が少ないことも功を奏しているのかもしれません。

写真4-2　築38年の区分所有マンションを建替えたマンション（千代田区一番町）

都心3区にあり、利便性も良く、ステータスが高い高級住宅地のマンションは、65歳以上の高齢者のみで住むという富裕層世帯も少なくありません。こうした街でも、２０４０年頃になってくると、大量に相続が発生し、中古マンションとして流通してくる可能性があるのです。

ただし、流通する住宅が増えたとしても、築年数が古く、老朽化が進み、安全性に問題があるマンションも含まれている可能性があります。ただ、都心３区の超高級住宅地の場合、都心の好立地の開発余地を渇望するデベロッパーが強力にサポートする形で、築年数の古いマンションの建替えや敷地売却などが進む可能性も考えられます。

城南エリア（品川区・大田区・目黒区・世田谷区）

城南エリア（品川区・大田区・目黒区・世田谷区）で、２０４０年頃、相続に伴って住宅市場に流通する見込みの中古マンションの戸数が多い駅は、ＪＲの大森駅・京急線の大森海岸駅・青物横丁駅といった大田区・品川区の臨海部に近い駅や、ＪＲ山手線の五反田駅・大崎駅・品川駅・目黒駅です（図表４－５）。

	約30分でアクセス可能な主要駅 ※2			
	東京	渋谷	新宿	池袋
	○			
	○	○	○	○
	○	○	○	
	○	○	○	○
	○	○		
	○	○	○	○
	○	○	○	○
	○	○	○	○
	○	○	○	
	○	○		

順位	駅名	駅周辺の自治体	駅から徒歩圏内の相続発生見込みのマンション（戸）※1		主な路線名
			2030年	2040年	
1	大森海岸	大田区・品川区	516	821	京急線
2	五反田	品川区	561	819	JR山手線・都営浅草線・東急池上線
3	大森	大田区・品川区	541	806	JR東海道線・京浜東北線
4	大崎	品川区	451	733	JR山手線・りんかい線
5	青物横丁	品川区	434	699	京急線
6	品川	港区	421	651	JR山手線・京浜東北線・東海道線・京急線
7	目黒	目黒区・品川区	463	641	JR山手線・都営三田線・東京メトロ南北線・東急目黒線
8	大井町	品川区	411	624	JR京浜東北線・りんかい線・東急大井町線
9	大崎広小路	品川区	408	602	東急池上線
10	新馬場	品川区	376	585	京急線

図表4-5　城南エリアの中古マンションの流通量増加が見込まれる主要４駅から30分圏内の駅

※1　図表4-2と同じ

※2　図表4-2と同じ

データ出典：国勢調査（2020年）の町丁・字別データ、及び国土交通省国土数値情報の2022年度版鉄道データをもとに分析・作成

これらの駅のうち、流通見込みの中古マンション戸数が顕著に多い町丁目が特にまとまって広がっているのは、京急線の大森海岸駅やＪＲの大森駅です（図表４‐３）。

ＪＲの大森駅は、東京駅・渋谷駅・新宿駅に30分以内でアクセスできる利便性の高いエリアで、駅の周辺には大規模なマンションが多く建っています（写真４‐３）。その中には、旧耐震基準の時代に建てられた築50年以上の大規模マンションもあります。現在、築50年以上とい

うことは、2040年には築70年以上になります。

マンションの耐用年数は建設された時の建物の品質やその後の維持管理状況によるため、一律に何年ということは難しいとされています。しかし、長期的に見ると、旧耐震基準の時代に建てられたマンションについては、今後、建替えや敷地売却の検討も視野に入ってくる可能性が高いと言えます。

写真4-3　JR大森駅周辺の大規模マンション

大田区の都市計画マスタープラン（令和4年3月）を見ると、大森駅周辺地域は、「駅周辺の再開発などに合わせた、質の高い生活を支える居住機能や生活支援機能」「産業ビジネス機能を強化」「大森駅東口駅前周辺では、広場等の公共空間を活用し、公民連携によるウォーカブルな都市空間づくりを進めます」「大森駅西口駅前周辺では、都市基盤整備と連携したゆとりある駅前空間づくりを進めます」といったことが書かれています。つまり、今後、大森駅周辺で再開発や駅前広場の再整備が進められる可能性があり、利便性の向上が図られるかもしれません。

また、ランキングには入っていませんが、大森駅周辺以外で、流通見込みの中古マンション戸数が顕著に多い町丁目が集積しているのは、世田谷区の桜新町駅（東急田園都市線）の周辺です。特に流通見込みの中古マンション戸数が多いのは、駅にごく近い桜新町2丁目（写真4－4）です。

写真4-4　準工業地域に指定されている桜新町2丁目

桜新町2丁目は、もともと工場・業務ビルなどが多くあったエリアです。時代の流れとともに工場等が撤退し、その跡地がマンションに転換されたため、比較的築年数が新しいマンションも見られるエリアです。

都市計画図を見ると、このエリアだけ、用途地域が準工業地域に指定されています。準工業地域とは、著しく環境を悪化させる恐れのない工場や住宅、店

舗などが混在するエリアで指定されていることが多い用途地域です。準工業地域なども
ともと工場が多かったエリアに住宅が増えると、いろいろと弊害が生じることもあります。工場の騒音やトラックの往来などに対して新住民からのクレームが増えることで、工場の生産活動がしにくくなるなどです。

世田谷区の都市計画マスタープランの「地域整備方針」（平成27年4月）を見ると、桜新町駅周辺地区については、「準工業地区において生産環境の保全とともに住環境と調和した住工共生の街づくりを進め、地区全体において住・商・工のバランスのとれたまちの形成を図ります」とし、今後、地区独自のルールづくりの策定を優先的に進める地区とされています。世田谷区のような地道なまちのルールづくりも住環境の安定には非常に重要です。

	約30分でアクセス可能な主要駅※2			
	東京	渋谷	新宿	池袋
	○	○	○	○
	○	○	○	○
	○	○	○	○
	○	○	○	○
	○	○	○	○
	○	○	○	○
	○	○	○	○
	○	○	○	○
	○	○	○	○
	○	○	○	○

城西エリア（新宿区・渋谷区・杉並区・中野区）

次に、城西エリア（新宿区・渋谷区・杉並区・中野区）です。城西エリアで２０４０年頃、相続に伴って住宅市場に流通する見込みの中古マンショ

順位	駅名	駅周辺の自治体	駅から徒歩圏内の相続発生見込みのマンション（戸）※1		主な路線名
			2030年	2040年	
1	市ケ谷	新宿区・千代田区	473	761	JR中央線・東京メトロ南北線・有楽町線・都営新宿線
2	神楽坂	新宿区	459	733	東京メトロ東西線
3	牛込神楽坂	新宿区	416	686	都営大江戸線
4	広尾	渋谷区・港区	482	662	東京メトロ日比谷線
5	曙橋	新宿区	443	642	都営新宿線
6	恵比寿	渋谷区	448	610	JR山手線・東京メトロ日比谷線
7	四谷三丁目	新宿区	432	609	東京メトロ丸ノ内線
8	中野坂上	中野区・新宿区	374	555	東京メトロ丸ノ内線・都営大江戸線
9	若松河田	新宿区	400	543	都営大江戸線
10	東中野	中野区・新宿区	385	542	JR中央線・都営大江戸線

図表4-6　城西エリアの中古マンションの流通量増加が見込まれる主要４駅から30分圏内の駅

※1　図表4-2と同じ

※2　図表4-2と同じ

データ出典：国勢調査（2020年）の町丁・字別データ、及び国土交通省国土数値情報の2022年度版鉄道データをもとに分析・作成

ン戸数が多い駅は、高級住宅地が多いＪＲの市ケ谷駅・東京メトロの神楽坂駅・広尾駅・恵比寿駅や、狭い道路に小規模な住宅が密集した東京メトロの四谷三丁目駅・都営新宿線の曙橋駅・都営大江戸線の若松河田駅、幹線道路沿いに中高層のマンションが建ち並ぶＪＲの東中野駅、東京メトロの中野坂上駅です（図表４‐６）。

城西エリアの特徴は、図表４‐６のとおり、ここにランクインした10駅の全てが主要４駅のいずれかに30分以内でアクセスできる利便性の高い立地ばかりという点で

す。また、図表４－７のマップに示すとおり、城南エリアのように、流通見込みの中古マンション戸数が顕著に多いところが密集しておらず、分散している点です。これは、特定のエリアに高齢者のみの世帯が偏っておらず、適度に年齢層がミックスされていると読み取れます。そのため、ある時期に集中することなく、安定的に一定程度の中古マ

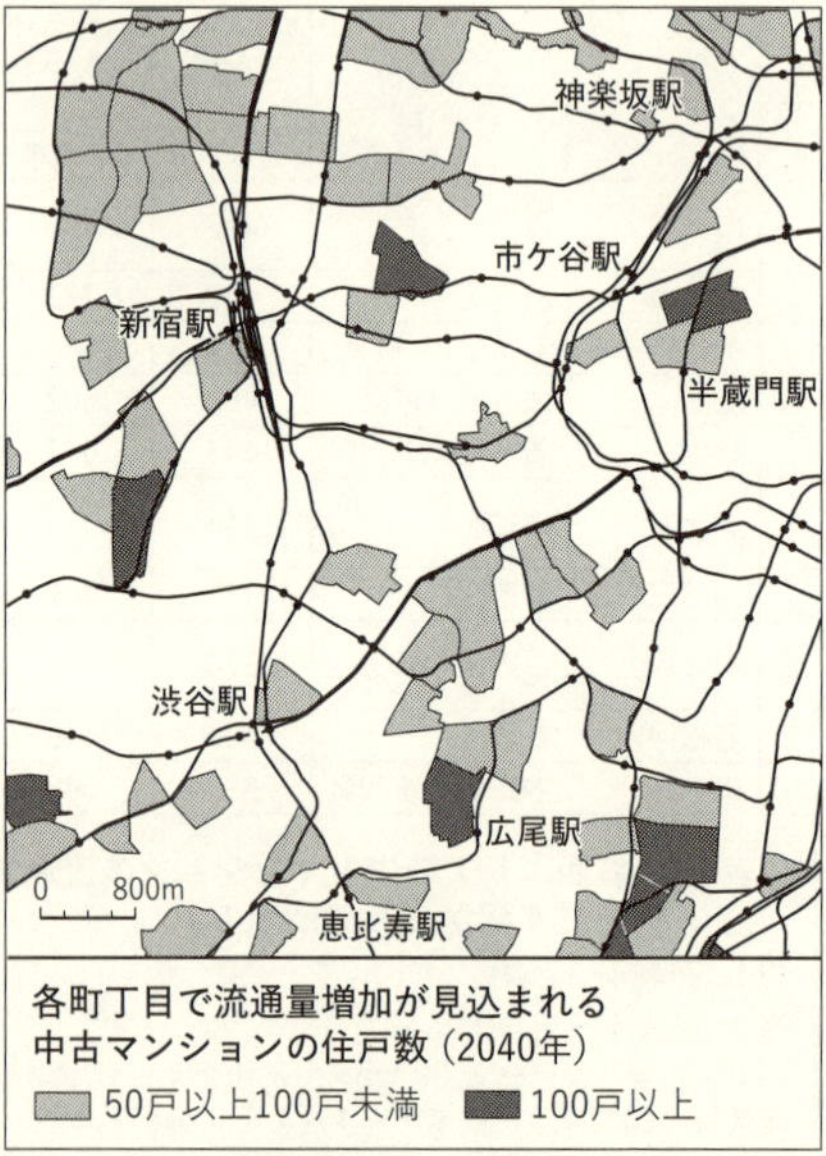

図表4-7　城西エリアの中古マンションの流通量増加が見込まれる駅徒歩圏エリア（2040年）

※各町の重心が駅から800m圏内にある町を表示

データ出典：国勢調査（2020年）の町丁・字別データ、及び国土数値情報の2022年度版鉄道データ（国土交通省）をもとに分析・作成

ンションが市場に流通していく可能性があるとも考えられます。

図表4－6のランキングの中で、近年、子育て世帯が増えているJRの東中野駅〜東京メトロ丸ノ内線の中野坂上駅のエリアを見てみましょう（写真4－5）。

このエリアは、江戸時代から青梅街道の要所として栄え、早くから都市化が進んだところです。中野区都市計画マスタープラン（令和4年6月）によると、1999年に中野坂上の交差点に接する3地区で市街地再開発事業は完了し、このエリアにある山手通りは全区間、青梅街道は一部区間で道路拡幅が完了しています。こうした道路整備を機に、幹線道路沿いに新たな中高層マンションが建っていき、交通利便性も高いことから、子育て世代が流入しているものと考えられます。

写真4-5　東中野駅と中野坂上駅の間にある住宅地
（住所は新宿区北新宿）

しかし、幹線道路から一歩街区の中に入ると、狭い道路が入り組む中に低層住宅と中層住宅が混在しており、防災面や住環境面での課題も見られます。それでも幹線道路の拡幅や再開発がすでに完了していることから、比較的安定した住環境の中で暮らせる街といえるでしょう。今後、相続を機に中古マンションが住宅市場で流通していけば、若い世帯のニーズに合致した住宅の供給につながることが期待されます。

城北エリア（文京区・豊島区・北区・板橋区・練馬区）

城北エリア（文京区・豊島区・北区・板橋区・練馬区）で２０４０年頃、相続に伴って住宅市場に流通する見込みの中古マンションの戸数が多い駅は、都営三田線の志村三丁目駅・志村坂上駅や、東武東上線の下板橋駅、ＪＲの板橋駅、都営三田線の板橋区役所前、東京メトロ丸ノ内線の後楽園駅、都営三田線の春日駅、東京メトロ有楽町線の江戸川橋駅、ＪＲの駒込駅・巣鴨駅です（図表４‐８）。

マップ（図表４‐９）を見ると、流通見込みの中古マンション戸数の多いところが集まって

約30分でアクセス可能な主要駅※2			
東京	渋谷	新宿	池袋
		○	○
		○	○
○	○	○	○
○	○	○	○
○	○	○	○
○	○	○	○
○	○	○	○
○	○	○	○
○	○	○	○
	○	○	○

順位	駅名	駅周辺の自治体	駅から徒歩圏内の相続発生見込みのマンション（戸）※1		主な路線名
			2030年	2040年	
1	志村三丁目	板橋区	549	853	都営三田線
2	志村坂上	板橋区	446	695	都営三田線
3	江戸川橋	文京区・新宿区	439	683	東京メトロ有楽町線
4	後楽園	文京区	452	666	東京メトロ丸ノ内線・南北線
5	春日	文京区	435	646	都営三田線・大江戸線
6	下板橋	板橋区・豊島区・北区	386	627	東武東上線
7	板橋	板橋区・豊島区・北区	391	616	JR埼京線
8	巣鴨	豊島区・文京区	405	612	JR山手線・都営三田線
9	駒込	豊島区・北区・文京区	407	611	JR山手線・東京メトロ南北線
10	板橋区役所前	板橋区	384	605	都営三田線

図表4-8　**城北エリアの中古マンションの流通量増加が見込まれる主要４駅から30分圏内の駅**

※1　図表4-2と同じ

※2　図表4-2と同じ

データ出典：国勢調査（2020年）の町丁・字別データ、及び国土交通省国土数値情報の2022年度版鉄道データをもとに分析・作成

いるのは、都営三田線の志村三丁目駅から新高島平駅にいたるまでのエリアです。

城北エリアのランキング（図表４-８）で１位の志村三丁目駅や２位の志村坂上駅の周辺（写真４-６）は、昭和初期から軍需工場が拡張され、その下請けの中小工場も増えていき、戦後も様々な業種の工場が建てられました。近年は、戸建住宅とマンションも増え、工業のまちから住宅と工場が混在するまちに変わっています。高齢化が進んでいますが、新宿駅や池袋駅

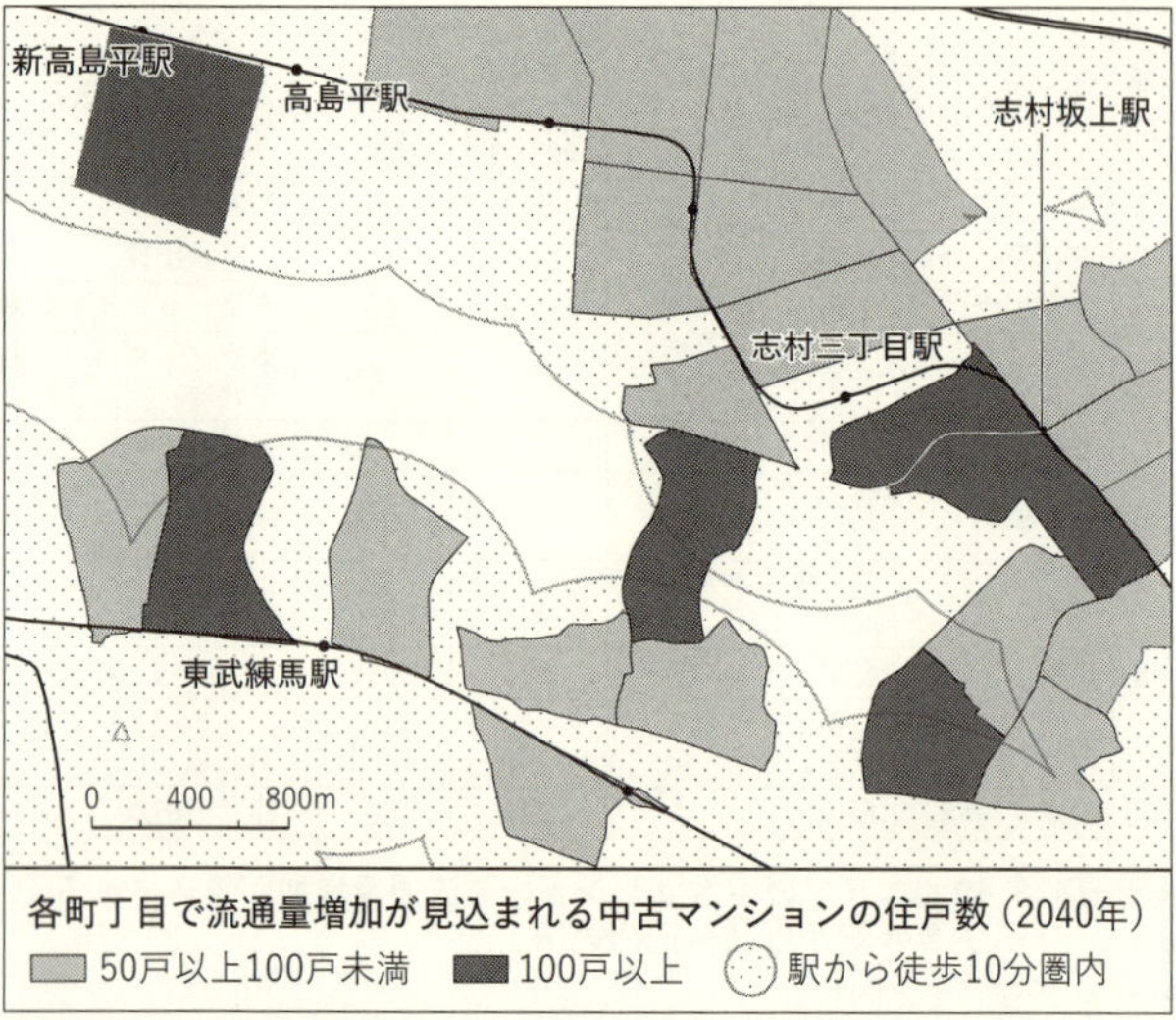

図表4-9　城北エリアの中古マンションの流通量増加が見込まれる駅徒歩圏エリア（2040年）

※各町の重心が駅から800m圏内にある町を表示

データ出典：国勢調査（2020年）の町丁・字別データ、及び国土数値情報の2022年度版鉄道データ（国土交通省）をもとに分析・作成

にも近いこともあり、子どもの数は増加しています。

また、ランキングにはありませんが、マップ（図表4-9）で顕著な、2040年頃に流通する見込みの中古マンションの戸数が多いところとして、新高島平駅の前の高島平3丁目があります。ここは、高島平団地の分譲マンション街区（写真4-7）に該当します。

高島平団地は、旧日本住宅公団（現在のUR都市再生機構）が水田地帯に総戸数１万１７０戸（賃貸８２８７戸・分譲１８８３戸）[10]という東京で最大規模の団地開発をしたところです。

１９７２年に入居が開始され、すでに築50年以上が経過していることから、板橋区が

写真4-6　志村坂上駅周辺の住宅地

写真4-7　新高島平駅周辺の高島平団地（分譲街区）

2022年2月、「高島平地域都市再生実施計画」を策定し、高島平団地を段階的に再整備していく予定となっています。そのなかでも、高島平2丁目・3丁目は重点区域に指定されており、今後、団地の建替えや既存の建物の活用・リニューアルを進めていくことで、ライフステージに応じた住み替えや若者世代の流入促進を図ろうとしています。しかし、このエリアは、浸水リスクが高いため、団地の再整備を通じて避難スペースの確保や浸水長期化への対応策など、防災性の向上も図っていく必要があります。

ここでもう一つ、人気の文京区についても見ておきましょう。

図表4-8で4位・5位の後楽園駅・春日駅周辺は、文京区役所やオフィスビルとともに、白山通りや春日通り沿いにビルや中高層マンションが建ち並んでおり、11階以上の高層共同住宅に住む世帯の増加が顕著なエリアです（写真4-8）。幹線道路沿いから一歩、街区の中に入ると、低層のマンションや戸建住宅が建ち並ぶ落ちついた雰囲気の街でもあります。特に15歳未満人口の割合が増加しています。このような子育て世帯が増えている街でも2040年頃、相続を機として中古マンションの流通増が見込まれていることがわかります。

文京区都市マスタープラン2024（2024年5月時点の案）によると、[11]「春日駅・後楽園駅周辺においては、春日・後楽園駅前地区市街地再開発事業を進め、複合した都市機能を集積するとともに、地下鉄とバスとの快適な乗り継ぎの整備など交通結節機能を強化」と記載されています。この背景として、後楽園駅の南側には広大な東京ドームシティがあることが挙げられます。ただし、ここは大半が「都市計画公園」に指定され、大規模な再開発は規制されています。しかし、「都市計画公園」に指定されていた神宮外苑でも、東京都独自の「公園まちづくり制度」[12]によって再開発を可能とする規制緩和がなされたように、東京ドームシティについてもこの制度を利用して再開発を行うことが検討されているという噂もあります。

写真4-8　後楽園駅周辺のマンション街

　後楽園駅周辺は、業務・商業等の拠点でもある東京駅に近いということもあって、今後、大規模な再

	約30分でアクセス可能な主要駅※2			
	東京	渋谷	新宿	池袋
	○		○	○
	○			
	○		○	
	○		○	
	○		○	○
	○			
	○		○	○
	○	○	○	○
	○	○	○	○
	○		○	○

開発が進められる可能性があり、将来、住環境としても大きく変化していく可能性があります。

城東エリア（台東区・江東区・江戸川区・墨田区・葛飾区・足立区・荒川区）

城東エリア（台東区・江東区・江戸川区・墨田区・葛飾区・足立区・荒川区）で２０４０年頃、相続に伴って住宅市場に流通する見込みの中古マンション戸数が多い駅は、台東区の東京メトロ日比谷線の入谷駅、つくばエクスプレスの浅草駅や都営浅草線の浅草駅、東京メトロ銀座線の田原町駅、都営浅草線の蔵前駅、東京メトロ日比谷線の三ノ輪駅、荒川区のＪＲの三河島駅、江東区の東京メトロ東西線の東陽町駅、東京メトロ半蔵門線の清澄白河駅、墨田区の都営新宿線の菊川駅です（図表４－10）。

城東エリアで２０４０年頃、流通見込みの中古マンション戸数が多い駅として第２位となっている東陽町駅周辺（江東区）を見てみましょう。

東陽町駅周辺には、オフィスや公共施設とともに、大規模なマンションが建っています（写真４

順位	駅名	駅周辺の自治体	駅から徒歩圏内の相続発生見込みのマンション（戸）※1		主な路線名
			2030年	2040年	
1	入谷	台東区・荒川区	703	1009	東京メトロ日比谷線
2	東陽町	江東区	614	986	東京メトロ東西線
3	浅草	台東区・墨田区	698	956	つくばエクスプレス
4	浅草	台東区・墨田区	655	899	都営浅草線・東京メトロ銀座線・東武伊勢崎線
5	田原町	台東区・墨田区	618	852	東京メトロ銀座線
6	三ノ輪	台東区・荒川区	572	812	東京メトロ日比谷線
7	三河島	荒川区	537	806	JR常磐線
8	清澄白河	江東区・中央区	479	793	東京メトロ半蔵門線・都営大江戸線
9	菊川	墨田区・江東区	460	772	都営新宿線
10	蔵前	台東区・墨田区	565	768	都営浅草線・大江戸線

図表4-10　**城東エリアの中古マンションの流通量増加が見込まれる主要４駅から30分圏内の駅**

※1　図表4-2と同じ

※2　図表4-2と同じ

データ出典：国勢調査（2020年）の町丁・字別データ、及び国土交通省国土数値情報の2022年度版鉄道データをもとに分析・作成

－9）。「江東区都市計画マスタープラン２０２２」（令和4年3月）によると、「30年以上の高経年化したマンションの適切な維持管理、耐震化や建替え支援などが求められています」と記載されています。また、「地下鉄８号線の延伸を契機として、東陽町駅周辺で再開発等により駅周辺の業務・商業機能等の更なる充実を図る」と書かれています。地下鉄８号線の延伸とは、東京メトロ有楽町線の豊洲駅から東陽町駅を経由し、住吉駅に至る区間を整備し、豊洲～東陽町～住吉間に枝川駅（仮称）と千石駅（仮称）の２つの新駅を設置

写真4-9　東陽町駅周辺のマンション街

するという計画で、開業目標は2030年代半ばとされています。

東陽町駅周辺は、こうした地下鉄の延伸を見据え、今後、駅周辺での再開発の検討が活発化する可能性があります。地下鉄の延伸や駅前再開発の検討が、駅周辺にある築年数の古いマンションの維持管理の向上や、耐震化・建替えの発意につながるような支援策も同時に講じるべきと考えます。

図表4-10の中には、主要4駅すべてに30分以内でアクセス可能でありながら、下町の情緒を残したモダンな街もランクインしています。それは、東京メトロ半蔵門線の清澄白河駅（8位）や都営新宿線の菊川駅（9位）です。

特に清澄白河駅周辺エリアには緑や公園も多く、レトロな雑貨店、おしゃれなカフェ、アートギャラリーなどがあって楽しめます。そして、こうした街の中には、中層のマンションが建ち並ぶエリアもあります（写真４‐10）。幹線道路の三ツ目通り沿いには、築年数が11～22年程度（２０２４年時点）の比較的築年数が新しいマンションも見られます。このように、伝統とモダンが共存した個性的な街で、かつ交通利便性の高い街。２０４０年頃、中古マンションの流通増が期待されるのもわかります。

写真4-10　清澄白河駅周辺のマンション街

ランキング（図表４‐10）にはありませんが、図表４‐11のマップで、流通見込みの中古マンションが顕著に多いところがまとまっているのは、ＪＲ南千住駅周辺（荒川区）です。

南千住駅の西側地域には、荒川総合スポーツセンターなどの公共施設や生活に密着した商店街があります。このように生活利便性の高い地域ですが、荒川区内で最も高齢化率が高いエリアとなっています。また、昔ながらの庶民的な個人商店のある商店街で

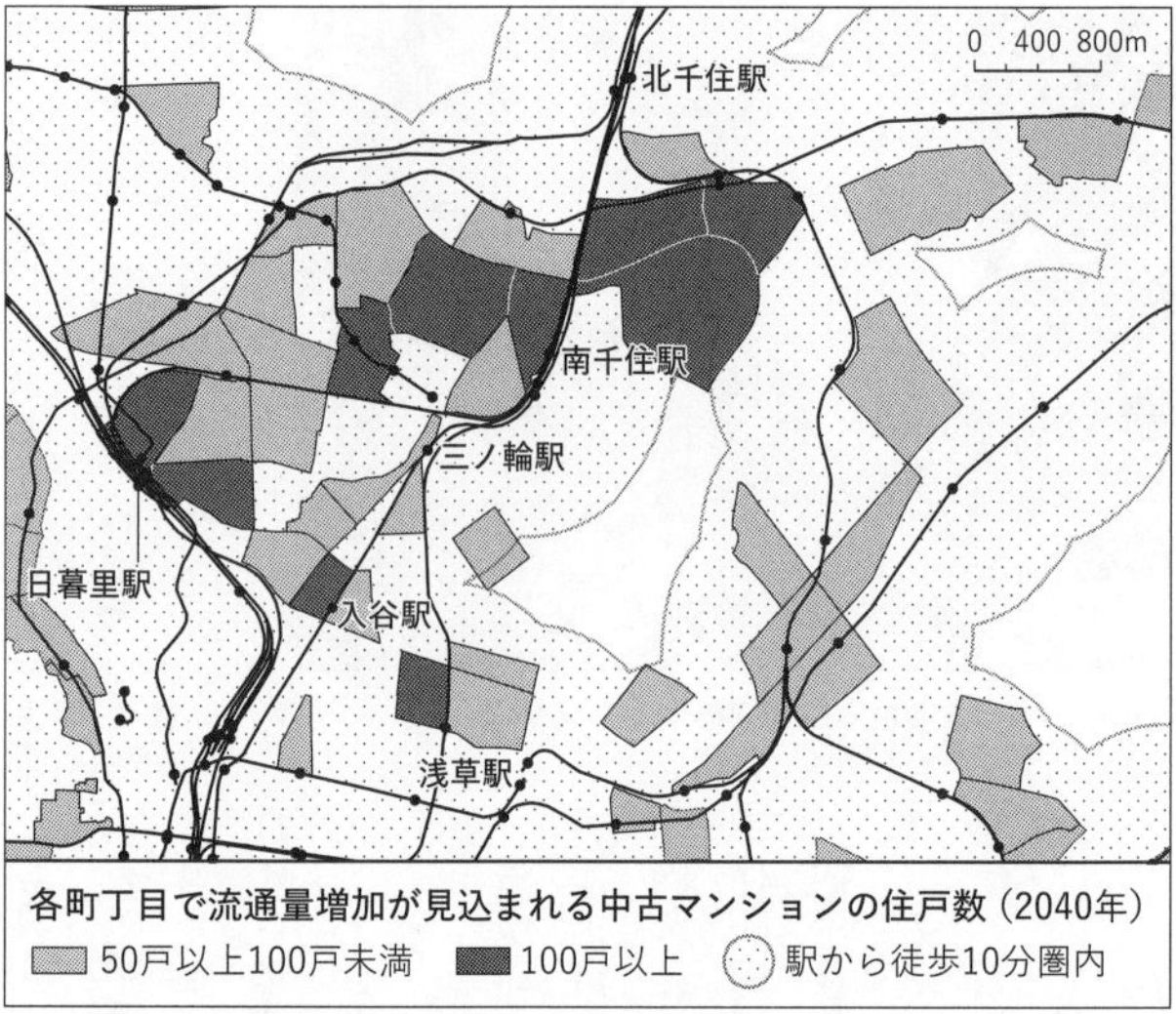

図表4-11　城東エリアの中古マンションの流通量増加が見込まれる駅徒歩圏エリア（2040年）
※各町の重心が駅から800m圏内にある町を表示
データ出典：国勢調査（2020年）の町丁・字別データ、及び国土数値情報の2022年度版鉄道データ（国土交通省）をもとに分析・作成

は、近年、空き店舗やシャッターが閉まったままの店舗も増えています。

南千住駅東側の地域は、かつては、鉄道や水上交通の要衝の地として産業が集積していました。しかし、1960年頃から大規模工場が次々と区外に移転し、これらの跡地、白鬚西地区・南千住地区・隅田川沿岸などで多くの中高層マンションの建設が行われ、人口が増加していきました（写真4－11）。2012年に完了した「南千住西口駅前地区第一種市街地再開発事業」では、店舗・公益施設・事務所とともに高さ106ｍのタワーマンションがつくられました。

一方、南千住仲通り商店街がある南千住5丁目は、東京都の地震に関する地域危険度測定調査（第9回）の総合危険度で23位、火災危険度で21位となっており、災害リスクへの対応を急ぐ必要があるエリアでもあります。

写真4-11　南千住駅周辺のマンション街

浸水継続時間にも対応しうる防災対策を

城東エリアについては、江東5区（墨田区・江東区・足立区・葛飾区・江戸川区）が、東京東部低地帯に位置しており、大規模水害によって広範囲に浸水する危険性があり、浸水が想定される区域に約250万人が住んでいます[13]。

浸水深は3ｍ以上、場所によっては5ｍ以上浸水するリスクがあるとされています。特にいったん浸水すると、その継続時間が2週間以上となる可能性の高いエリアが多く、浸水後に長期間、このエリアから退避できなくなる危険性があります。例えば、城東エリアで着目した東陽町駅周辺や南千住駅周辺は、洪水によって想定される浸水深が3～5ｍ、浸水継続時間は2週間以上とされています[14]。

そのため、江東5区広域避難推進協議会は、「2階に避難しても浸水の可能性があるため、とても危険です」「2週間以上、電気・ガス・水道・トイレ等が使えなくなる可能性があります」として、「自主的広域避難情報が発表されたら、すぐに江東5区外の安全な場所へ避難を開始してください」と呼び掛けています。また、自宅に留まらざるを得ない時のためのポイントとして、2週間以上の浸水に備えて水・食料・簡易トイレ・卓上コンロ・充電器等をあらかじめ備蓄しておくこと、浸水する階の貴重品や電化製品等は浸水しない階まで上げること、漏電を防ぐため、浸水する階の電化製品のコンセントは抜いてブレーカーも落とすことが挙げられています。

実際に、令和元年東日本台風（台風第19号）では、広範囲の内水氾濫等により、武蔵小杉にあるタワーマンションの一部で地下の電気設備が浸水したことにより、1週間以上、電気が使えなくなり、エレベーターや給排水設備が使用できなくなりました。

近年、毎年のように想定外の降雨量の豪雨に見舞われる中で、浸水ハザードエリアにあるマンションでも長期間の停電を想定した災害対策を講じなくてはいけない時代になっています。

そのため、都市政策の観点からは、城東エリアでは、各自に災害対策を呼び掛けるのみならず、マンション全体として電源施設がある場所を見直したり、2週間分の備蓄やマンション居住者同士のコミュニティの醸成を図ったりするなどの災害対策を講じる必要があります。そのため、中古マンションの災害対策の強化に向けて行政が支援策を充実させることも必要不可欠です。

多摩方面の中古マンション

多摩方面（東京市部）で主要4駅のいずれかに30分以内でアクセスできる駅のうち、2040年頃に流通する見込みの中古マンション戸数が多い駅は、JRの三鷹駅・武蔵小金井駅・国分寺駅・武蔵境駅、京王線の調布駅・国領駅・柴崎駅、小田急小田原線の狛江駅、西武池袋線のひばりヶ丘駅・東久留米駅です（図表4-12）。

図表4-13のマップを見ると、多摩方面エリアでは、流通見込みの中古マンション戸

数が顕著なところは、駅前にある一つの町丁目のみとなっており、密集してあるというわけではないことがわかります。これは、郊外エリアであるため、都市計画の用途地域の指定が、駅周辺を商業施設やマンションを建てることができる地域とし、それを囲むように戸建住宅を中心にした住居系の用途地域と指定しているところが多いのも関係しています。

図表4－12のランキングに3駅が入っている調布市は、近年、京王線の連続立体交差事業によって街の構造が大きく変貌中の自治体です。

調布市は、大正時代に京王線が開通し、行楽地・郊外住宅地として発展していきました。関東大震災を機に都心から多くの人が移り住み、戦後も急激に都市化が進みました。大規模な公園も多く、深大寺などの魅力的な風情のある場所もあります。近年、調布駅周辺などでは、人口が増加しています。

	約30分でアクセス可能な主要駅※2			
	東京	渋谷	新宿	池袋
			○	
			○	
			○	
			○	
				○
			○	
			○	
			○	
				○

特に、調布駅・布田駅・国領駅の3駅では、京王線の地下化が完了し、調布駅では新たな駅前空間を創出するために工事が進められています（写真4－12）。また、調布駅周辺では市街地再開発事業によ

順位	駅名	駅周辺の自治体	駅から徒歩圏内の相続発生見込みのマンション（戸）※1		主な路線名
			2030年	2040年	
1	三鷹	三鷹市・武蔵野市	315	471	JR中央線
2	武蔵小金井	小金井市	263	455	JR中央線
3	狛江	狛江市	285	418	小田急小田原線
4	調布	調布市	247	372	京王線・京王相模原線
5	ひばりヶ丘	西東京市・東久留米市・新座市	162	265	西武池袋線
6	武蔵境	武蔵野市・三鷹市	188	259	JR中央線・西武多摩川線
7	国分寺	国分寺市	149	237	JR中央線・西武国分寺線
8	国領	調布市	161	237	京王線
9	柴崎	調布市	146	223	京王線
10	東久留米	東久留米市	133	214	西武池袋線

図表4-12　**多摩方面の中古マンションの流通量増加が見込まれる主要4駅から30分圏内の駅**

※1　図表4-2と同じ

※2　図表4-2と同じ

データ出典：国勢調査（2020年）の町丁・字別データ、及び国土交通省国土数値情報の2022年度版鉄道データをもとに分析・作成

写真4-12　駅前広場などの工事中の調布駅

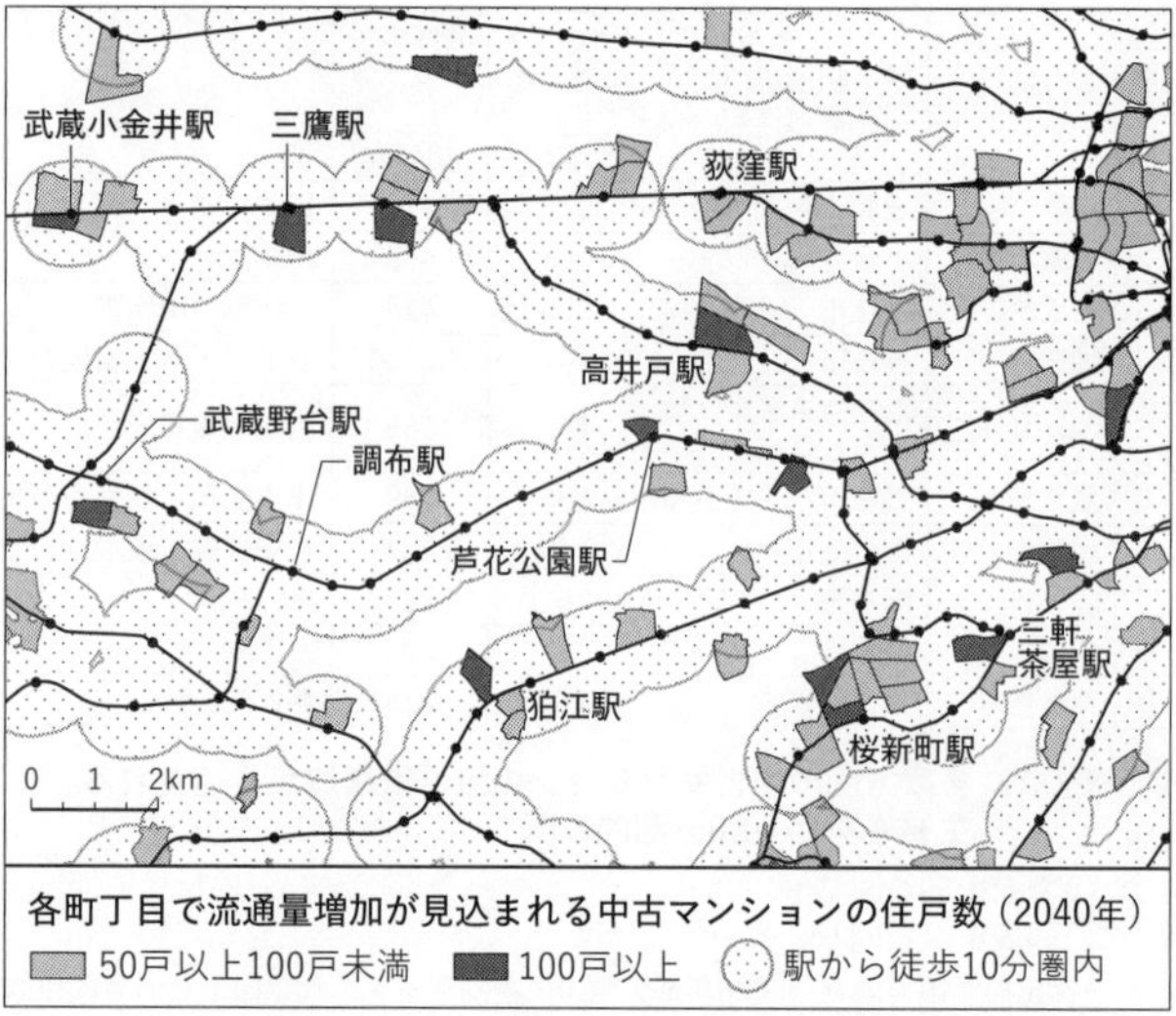

図表4-13　多摩方面の中古マンションの流通量増加が見込まれる駅徒歩圏エリア（2040年）

※各町の重心が駅から800m圏内にある町を表示

データ出典：国勢調査（2020年）の町丁・字別データ、及び国土数値情報の2022年度版鉄道データ（国土交通省）をもとに分析・作成

って大規模商業店舗やオフィスなどがつくられました。こうした整備で街の利便性が向上することで、２０４０年頃、相続を機に流通増が見込まれる中古マンションで世代交代が進むことも期待されます。

　ここで筆者が特に注目しているのが調布市の取り組みです。調布市では、調布駅周辺地区に対して、この地区独自のルールとなる地区計画を事前に策定。建替えや新築などが行われる街区内の建築物の高さを55ｍ以下と規定しているのです。つまり、地区計画の中で規定された街区では、55ｍの高さ規制があるため、タワーマンションが建てられないということです。調布市の担当課になぜ高さ規制を55ｍとしたのかについてお伺いすると、このエリアで最も高い建物が概ね55ｍ程度であり、市ではこれまでも、街並みを誘導するための建築物のルールづくりに取り組んできたからとのことでした。

多くの自治体では、駅や駅前広場の再整備や道路整備に併せた、民間主導による再開発で、駅前にタワーマンションが数棟建つケースが増えています。しかし、調布市では、あらかじめ地区独自の高さ制限をルール化し、これまでの地域の街並みを継承していこうとしています。こうした取り組みを、都市計画の手法を通じて行っている自治体が実際にあるということを知り、筆者自身、とても心強く感じました。

埼玉方面・千葉方面の中古マンション

埼玉方面で主要４駅のいずれかに30分以内でアクセスできる駅のうち、２０４０年頃に流通する見込みの中古マンションの戸数が多い駅は、ＪＲの川口駅・武蔵浦和駅・浦和駅・大宮駅・西川口駅や東武東上線の志木駅です。また、千葉方面では、ＪＲの新浦安駅・船橋駅・松戸駅です。埼玉方面・千葉方面では、ほとんどがJR沿線の駅となっています（図表4－14）。

特に、川口市のJR川口駅や浦安市のJR新浦安駅では、2040年頃、1000戸を超える中古マンションが住宅市場に流通することが予測されており、他の駅よりもかなり戸数の規模が多くなっています。

マップ（図表4－15）を見ると、図表4－14のランキング1位の川口駅周辺は、2040年頃に流通増の見込まれるところが顕著にまとまっていることがわかります。

川口駅周辺は、もともと工場地帯でしたが、こうした工場の撤退・移転により、その大規模な跡地で多くのマンション建設が行われていった街です。そして、こうした大規模なマンションで、今、高齢化が進んでいるものと考えられます。

例えば、川口市元郷にあるエルザタワー55（写真4－13）は、1998年に日本ピストンリング川口工場の跡地に建設された全国初の55階建て・650戸のタワーマンションです。このタワーマンションでは、築17年目に、1回目の大規模修繕（総工費は約12億円）が2年か

	約30分でアクセス可能な主要駅※2			
	東京	渋谷	新宿	池袋
	○		○	○
	○			
		○	○	○
	○	○		○
	○			○
				○
	○			
	○			
	○		○	○
	○			

順位	駅名	駅周辺の自治体	駅から徒歩圏内の相続発生見込みのマンション（戸）※1		主な路線名
			2030年	2040年	
1	川口	川口市	606	1296	JR京浜東北線
2	新浦安	浦安市	490	1170	JR京葉線
3	武蔵浦和	さいたま市	268	595	JR埼京線・武蔵野線
4	浦和	さいたま市	273	543	JR京浜東北線・宇都宮線・高崎線
5	大宮	さいたま市	226	500	JR京浜東北線・埼京線・宇都宮線・高崎線・川越線・東武野田線・ニューシャトル
6	志木	新座市・志木市・朝霞市	265	480	東武東上線
7	船橋	船橋市	283	458	JR総武線・東武野田線
8	市川	市川市	289	440	JR総武線
9	西川口	川口市・蕨市	241	439	JR京浜東北線
10	松戸	松戸市	230	395	JR常磐線・新京成線

図表4-14　**埼玉・千葉方面の中古マンションの流通量増加が見込まれる主要4駅から30分圏内の駅**

※1　図表4-2と同じ

※2　図表4-2と同じ

データ出典：国勢調査（2020年）の町丁・字別データ、及び国土交通省国土数値情報の2022年度版鉄道データをもとに分析・作成

写真4-13　川口市元郷にあるエルザタワー55
（1998年築）

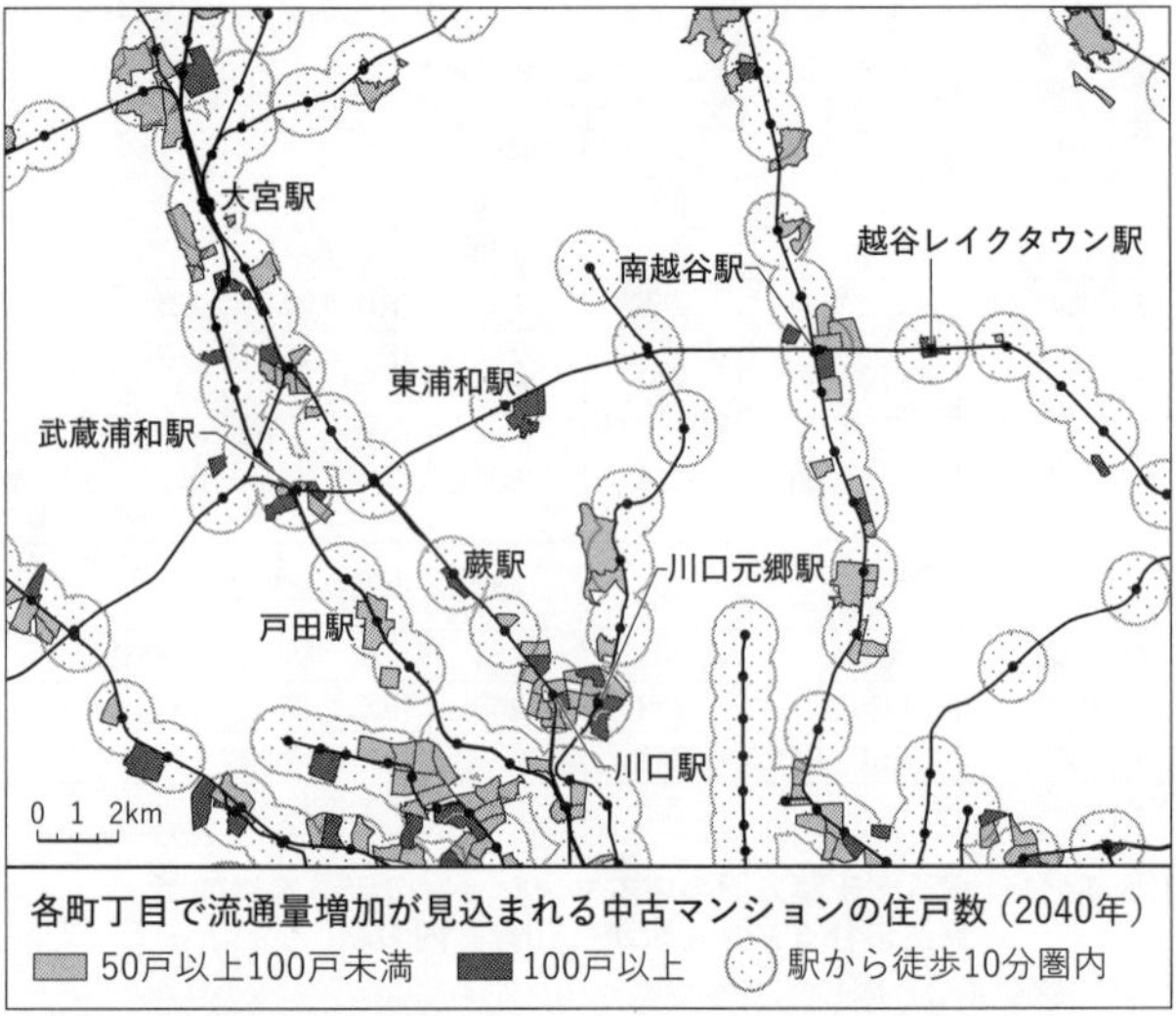

図表4-15　埼玉方面の中古マンションの流通量増加が見込まれる駅徒歩圏エリア（2040年）

※各町の重心が駅から800m圏内にある町を表示

データ出典：国勢調査（2020年）の町丁・字別データ、及び国土数値情報の2022年度版鉄道データ（国土交通省）をもとに分析・作成

けて行われました。

タワーマンションの大規模修繕については、1回目は乗り越えられても2回目以降は予算不足などで難しくなるところもあることが懸念されています。その理由は、築30年前後に行うとされる2回目の大規模修繕では、エレベーターなどの設備が耐用年数を迎えるため、エレベーターの更新費用によって工事費の跳ね上がる可能性が高いからです。特に、昨今の工事費高騰も

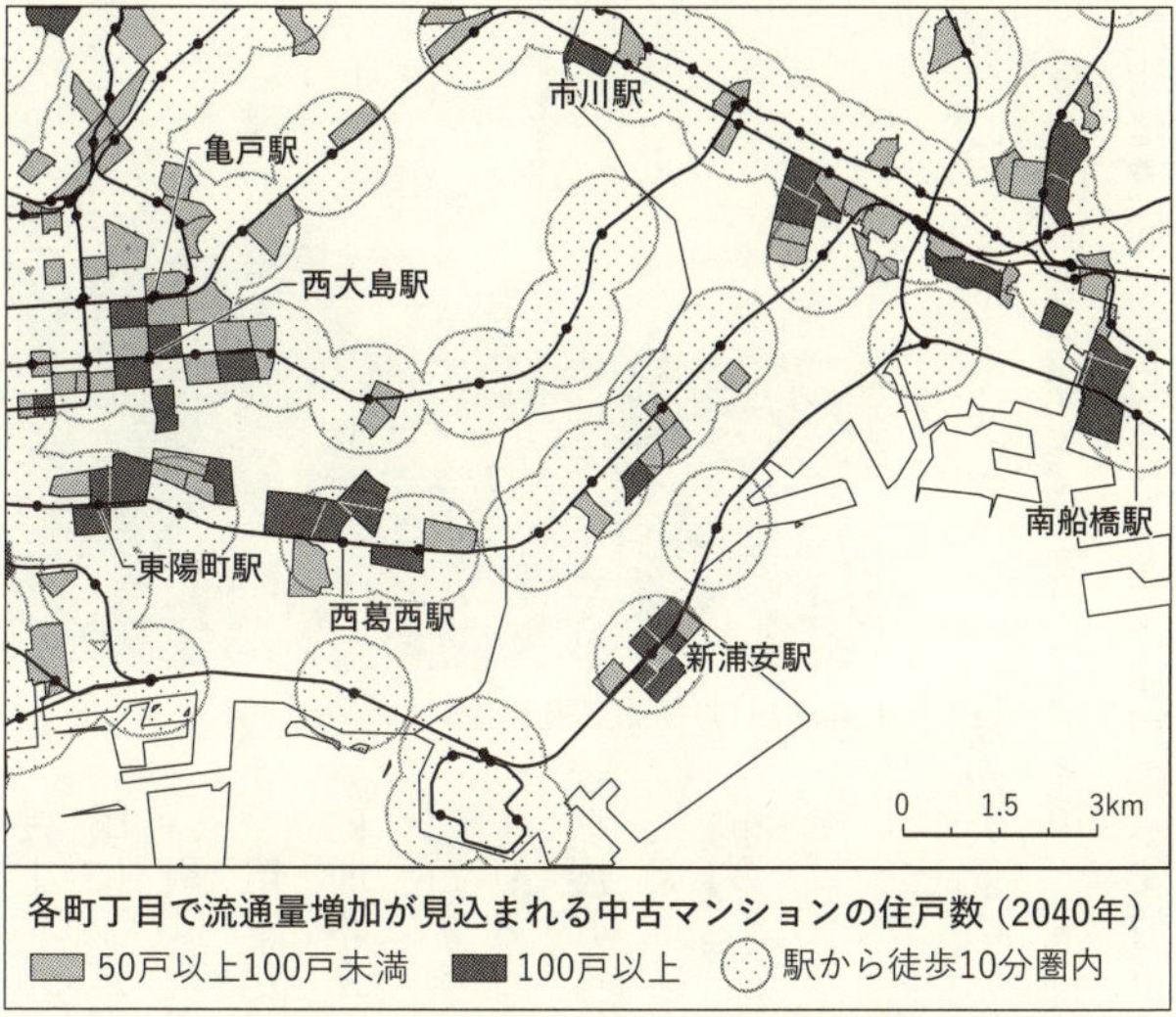

図表4-16　千葉方面の中古マンションの流通量増加が見込まれる駅徒歩圏エリア（2040年）
※各町の重心が駅から800m圏内にある町を表示
データ出典：国勢調査（2020年）の町丁・字別データ、及び国土数値情報の2022年度版鉄道データ（国土交通省）をもとに分析・作成

あり、長期修繕計画どおりの修繕積立金だけでは足りなくなることも懸念されています。

エルザタワー55のような2000年より前に建てられたタワーマンションが、2回目の大規模修繕をどのように行うかは、今後のタワーマンションの維持管理費や修繕積立金のあり方を検討する上でも非常に注目されています。

次に、千葉方面も見てみ

ましょう。図表4-14のランキングで、2040年頃に流通増の見込まれるマンションの戸数が最も多い駅は新浦安駅です。

新浦安駅周辺（図表4-16）は、高度経済成長期に埋め立てが進められた土地に、東京ディズニーランド（1983年）がオープンしました。そして、1988年に新浦安駅が開業し、新興住宅地として発展していきました。特に駅周辺には1990年頃に大量につくられた旧日本住宅公団（現在のUR都市再生機構）の団地やマンションが建ち並んでいます（写真4-14）。こうした築30年を超えてくる「マンション街」で高齢化が進展しており、2040年頃、これら中古マンションの相続が大量に発生することが見込まれる状況なのです。

写真4-14　新浦安駅周辺のマンション街

全国的にも、今後、「マンション街」で大量に相続が発生していきます。その中で、適切に流通にまわされず空き住戸のまま放置されたり、あるいは周辺で同じように住戸が大量に市場に流通することで売れにくくなるといったことも懸念されます。これまで空き家問題といえば戸建住宅を中心に語られてきましたが、２０４０年頃になると、「マンション街」の空洞化という都市問題が生じることも懸念されます。

また、マンションにおいても、地盤に関するリスクを考えておく必要があります。川口市の、地盤の液状化危険度マップ[15]によると、川口駅周辺の大半が、震度６強の地震が起きた場合、「液状化の危険が極めて高い」「液状化の危険が大きい」地域になっています。新浦安駅周辺も、浦安市　震度分布図・液状化危険度分布図によると、内陸直下型地震（震度６強から震度７程度）が起こった場合「液状化の影響が高い」地域とされています。

このように地震時に液状化など地盤が影響を受けることが想定されるエリアにある中古マンションで世代交代を進めていくためには、想定される災害リスクに費用面で備えられるように、少なくともマンションの共用部については地震保険の加入を義務化するなどの検討が必要と考えます。

約30分でアクセス可能な主要駅※2			
東京	渋谷	新宿	池袋
○	○	○	
○	○	○	
○	○	○	○
	○		
	○		
	○		
○	○		
○			
	○		
○			

横浜方面の中古マンション

横浜方面で主要4駅のいずれかに30分以内でアクセスできる駅のうち、２０４０年頃に流通する見込みの中古マンションの戸数が多い駅は、ＪＲの新川崎駅・武蔵小杉駅、東急東横線の武蔵小杉駅・新丸子駅、東急田園都市線の鷺沼駅・溝の口駅、ＪＲの武蔵溝ノ口駅・矢向駅・鶴見駅・横浜駅です（図表4－17）。

図表4－17のランキングで2位と3位になっている武蔵小杉駅（東急東横線・ＪＲ南武線とＪＲ横須賀線）の周辺は、川口駅周辺と同様に、もともと京浜工業地帯の一角で、工場が撤退・移転をした後の大規模な土地に、２０００年代以降、多くのタワーマンションがつくられる建設ラッシュとなり、約20棟のタワーマンションが林立する街となっています（写真4－15）。

そのため、武蔵小杉エリアは築年数が比較的新しいタワーマンションが多く、そこに若い世帯が住んでいるというイメージがあります。しかし、図表4－17のランキングで2位・3位になっているということは、築年数が新しいタワーマンションにも、それなりに多くの高

順位	駅名	駅周辺の自治体	駅から徒歩圏内の相続発生見込みのマンション（戸）※1		主な路線名
			2030年	2040年	
1	新川崎	川崎市	320	677	JR横須賀線
2	武蔵小杉	川崎市	341	659	東急東横線・JR南武線
3	武蔵小杉	川崎市	336	632	JR横須賀線
4	武蔵溝ノ口	川崎市	296	599	JR南武線
5	鷺沼	川崎市	307	588	東急田園都市線
6	新丸子	川崎市	279	557	東急東横線
7	横浜	横浜市	300	556	JR東海道線・京浜東北線・東急東横線・みなとみらい線・京急線・相鉄線・横浜市営地下鉄ブルーライン
8	鶴見	横浜市	341	550	JR京浜東北線・鶴見線
9	溝の口	川崎市	265	523	東急田園都市線・大井町線
10	矢向	横浜市・川崎市	295	507	JR南武線

図表4-17　**横浜方面の中古マンションの流通量増加が見込まれる主要４駅から30分圏内の駅**

※1　図表4-2と同じ

※2　図表4-2と同じ

データ出典：国勢調査（2020年）の町丁・字別データ、及び国土交通省国土数値情報の2022年度版鉄道データをもとに分析・作成

写真4-15　武蔵小杉駅周辺のタワマン街

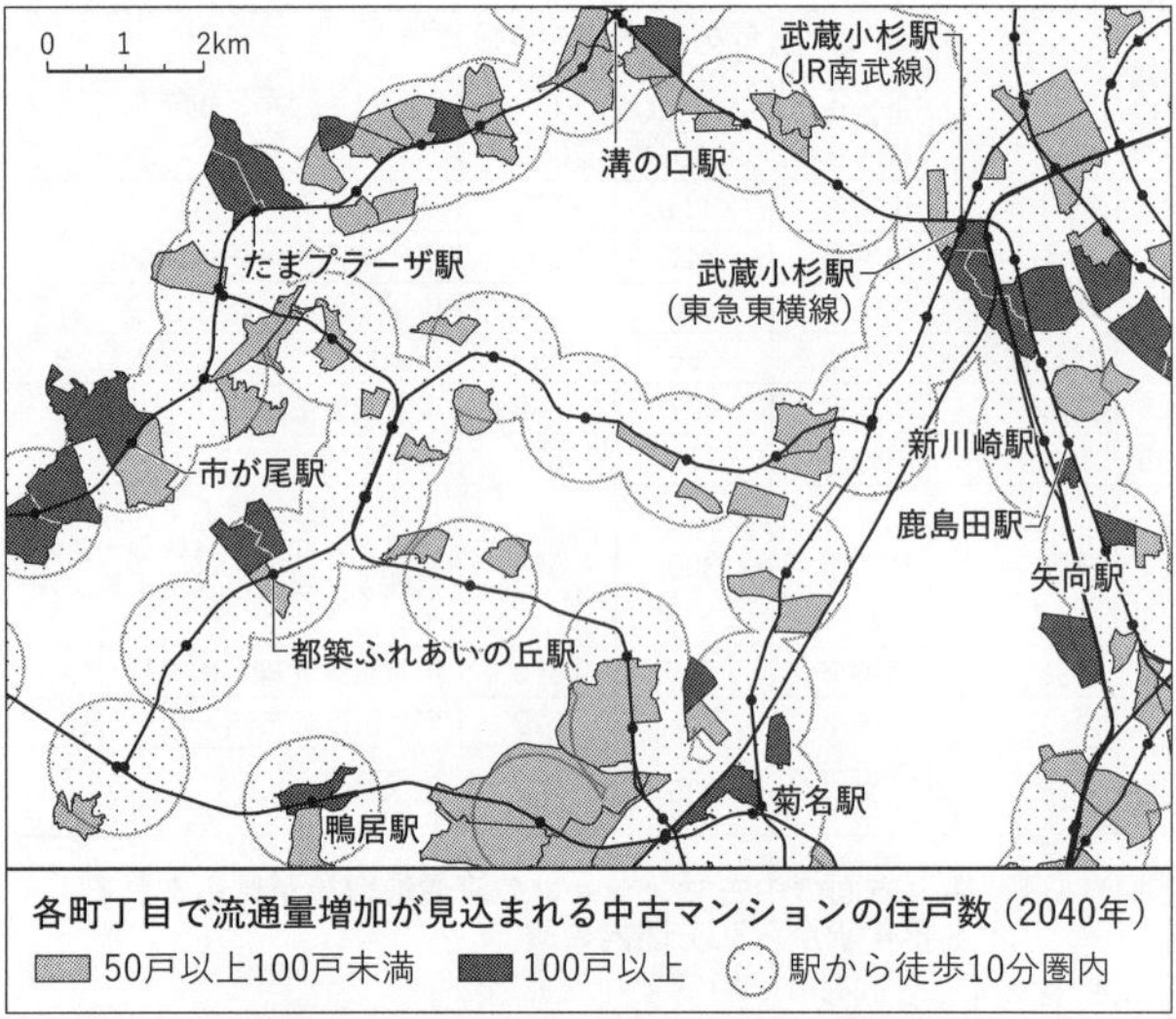

図表4-18 **横浜方面の中古マンションの流通量増加が見込まれる駅徒歩圏エリア(2040年)**

※各町の重心が駅から800m圏内にある町を表示

データ出典:国勢調査(2020年)の町丁・字別データ、及び国土数値情報の2022年度版鉄道データ(国土交通省)をもとに分析・作成

齢者のみの世帯が居住していることを示唆しています。そして、武蔵小杉エリアのような「タワマン街」でも、２０４０年頃、相続を機に、中古タワーマンションの住戸が住宅市場で多く流通するようになる可能性が高いのです。

タワーマンションについては、前述のとおり、築30年頃に行う2回目の大規模修繕が大きなハードルとされていますが、２０４０年頃流通する、武蔵小杉のタワマン街の中古マンションでも、ちょうど2回目の大規模修繕の時期を迎えるタワーマンションが含まれてくると考えられます。武蔵小杉駅周辺では、同じような時期に建設されたタワーマンションも多いことから、こうした2回目の大規模修繕の動向が、個々の中古マンションの売買に影響してくる可能性もあります。

新たな都市問題になりかねない管理不全マンション

ここまで、１都３県の交通利便性の高いエリアを対象に、２０４０年頃に流通する見込みの中古マンションの戸数が顕著に多い駅やその周辺の街について見てきました。

その中で、今後、相続の発生を機に、多くの中古マンションが市場に出てくることが見込まれることがわかりました。しかし、読者の皆さんはお気づきかと思いますが、今後、相続を機に中古マンションの「数」が増加する見込みだとしても、流通するマンションの「質」、つまり築年数や管理状況などがわからないため、古いマンションが多い街では、たとえ駅から徒歩圏内など立地が良くても購入したくない物件が大量に含まれてくる可能性があります。

実際に、国土交通省による令和５（２０２３）年度マンション総合調査によると、修繕積立金の積み立て状況について、「現在の修繕積立金の残高が長期修繕計画に対して不足している」と回答したマンションが36・6％に上っています。「不明」の23・5％と合計すると約6割のマンションで修繕積立金が不足している、あるいはその状況すら把握できていない可能性があることになります。特に、昨今の工事費高騰により、修繕積立金がさらに不足する事態も危惧されます。

しかし、修繕積立金を増額したり、耐震補強工事を行ったり、追加でコストがかかることを実行したくても、区分所有者同士の合意形成を図れないケースが多いのです。その結果、築年数の古い中古マンションがどんどん積み上がっていく中で、管理不全状態に陥るマンションも増えていくことが懸念されます。なお、たとえ管理不全が続き、著しく荒廃していても、マンションの場合は一軒でも居住者がいれば、空家特措法の「空き家」とはなりません。そのため現行の法制度では、戸建住宅の空き家のように、行政が関与して管理不全や荒廃状況を改善するよう所有者や管理組合に対して命令を出すことはできないのです。

また、建替えや敷地売却についても、立地が良くデベロッパーの支援がある場合を除けば、現状ではほぼ無理な状況と言えます。

分譲マンションは、区分所有者同士の合意形成による管理状況に大きく左右される存在です。ですので、たとえ都心の一等地にあったとしても、将来、管理不全によって人が住めなくなるような状態にならないわけではありません。第2章でも述べましたが、現状のまま推移していくと、２０４０年頃には、在庫となっている中古マンションの平均築年数は40年以上になっていることが推測されます。特にマンションが密集しているエリアで管理不全のマンションが増えてしまうと、相続が発生しても売れない住戸が積み上がっていくことが懸念されます。こうした状況が同じ街で続出した場合、個々のマンションの問題にとどまらず、大都市での空洞化・荒廃化という新たな都市問題に発展する危険性があるのです。

●注

1　厚生労働省「令和5年（２０２３）人口動態統計月報年計（概数）の概況」（２０２４年6月）

2　２０３０年に平均寿命85歳を迎える高齢者のみ世帯数は、２０２０年国勢調査時点で75歳以上の高齢者のみ世帯数、２０４０年に平均寿命を迎える高齢者のみ世帯数は、２０２０年国勢調査時点で65歳以上75歳未満の高齢者のみ世帯数として推計した。

3 戸建住宅については、全て持ち家世帯と仮定して推計。持ち家のマンション世帯数、共同住宅に住む世帯数と長屋建て世帯数から賃貸住宅（公営住宅・ＵＲ・給与住宅・民間借家）を差し引いて推計。なお、本分析では、国の推計等と同様に、世帯数を戸数としている。なお、各地域の後期高齢者持ち家世帯の社会増減、災害等の発生や社会経済状況の変化、政策等の効果は含まれていない。

4 平日朝８時に駅を出発した場合とし、新幹線は対象外とした。

5 ３００ｍ以内の距離にある駅で、かつ同じ名称の駅は統合して取り扱った。

6 各町丁目の重心が徒歩圏内にある場合とした。なお、徒歩圏の設定に地形は考慮していない。

7 ランキングに入っている駅であるにもかかわらず、マップだと駅周辺の町丁目は薄いグレーや白の多い場合がある。これは、それぞれの町丁目における流通見込みの住戸数が顕著に多いわけではないものの、徒歩圏内にある各町丁目の住戸数を足し合わせると相当数になるというケースや、各町丁目の面積が非常に狭いケースがあるためである。

8 公益社団法人全国市街地再開発協会による「マンション再生協議会」ウェブサイトより。

9 事業認可時点での築年数である。

10 「公団ウォーカー」ウェブサイト（https://codan.boy.jp/）より。

11 文京区都市マスタープラン２０２４（２０２４年5月時点の案）による。

12 「都市計画公園」として指定された区域のうち、概ね50年以上が経過した未供用部分を対象に、民間事業者等による計画の提案と整備の実施を基本に、都市開発の中で一定規模以上の緑地等を整備することを条件に、都市計画公園・緑地を変更できるという東京都独自の制度。

13 江東区ウェブサイト「江東5区大規模水害ハザードマップ・江東5区大規模水害広域避難計画について」https://www.city.koto.lg.jp/057101/bosai/bosai-top/topics/20180822.html
14 国土交通省「重ねるハザードマップ」
15 川口市の『防災本（川口市防災ハンドブック）』（令和3年5月）

第５章

中古戸建編：
住宅の流通量が増加する駅

図表5-1-①　中古戸建の流通量増加が見込まれる駅から徒歩圏エリア（2030年）

※各町の重心が駅から800m圏内にある町を表示

データ出典：国勢調査（2020年）の町丁・字別データ、及び国土数値情報の2022年度版鉄道データ（国土交通省）をもとに分析・作成

中古戸建住宅の流通が増えるのは2030年頃

次に、中古戸建の流通増の予測を見ていきましょう。

図表5-1-①・②に、1都3県において中古戸建の流通量増加が見込まれる、駅から徒歩圏エリアの分布について、2030年と2040年のマップを示します。

これを見ると、中古戸建（あるいは解体後の土

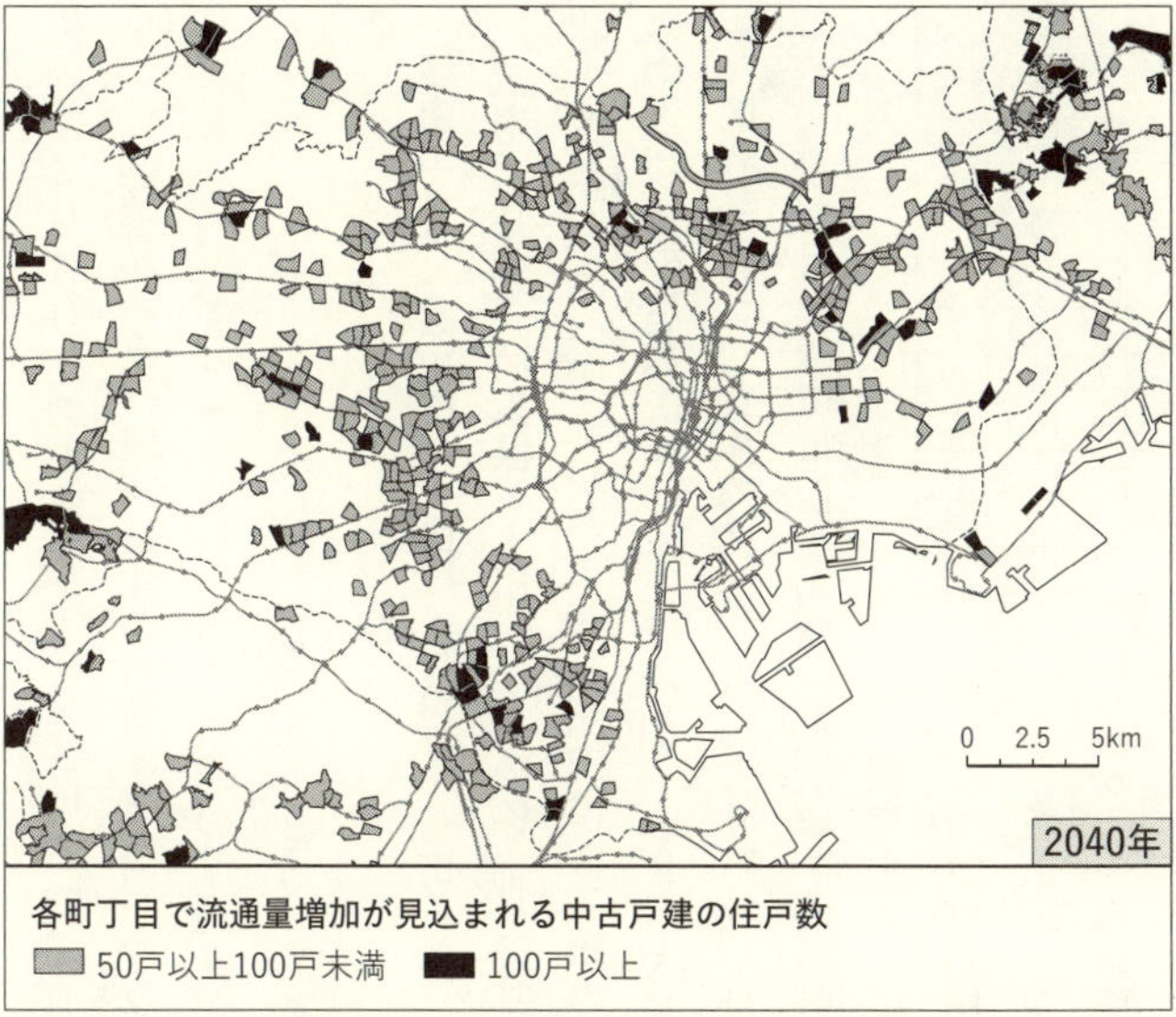

図表5-1-②　中古戸建の流通量増加が見込まれる駅から徒歩圏エリア（2040年）

※各町の重心が駅から800m圏内にある町を表示

データ出典：国勢調査（2020年）の町丁・字別データ、及び国土数値情報の2022年度版鉄道データ（国土交通省）をもとに分析・作成

地）の流通増が見込まれる町丁目の数は、２０４０年よりも２０３０年の方が多くなっていることがわかります。前章で述べたように、２０４０年に流通増が見込まれる中古マンションの戸数が多い、駅から徒歩圏エリアのマップとは、異なる傾向です（図表４-１-①・②）。

　中古戸建については、２０３０年に流通増が見込まれることから、これ以降、２０３０年の推計データを使用して、前章と同様に駅ごとに、徒歩圏（８００ｍ）で流通見込みの中古戸建の戸数を算出し、ランキングやマップを作成しました。これをもとに、どのような街で中古戸建の流通量が増加するのか、エリア別に見ていきましょう。なお、都心３区は戸建住宅が少ないため、本章では対象外としました。

城南エリア（品川区・大田区・目黒区・世田谷区）

城南エリア（品川区・大田区・目黒区・世田谷区）で主要４駅（東京駅・渋谷駅・新宿駅・池袋駅）のいずれかから30分圏内にある駅のうち、２０３０年頃に流通する見込みの中古戸建の戸数が多い駅を見ると、ＪＲ西大井駅以外は全て東急線沿線となっています（図表５－２）。具体的には、東急大井町線では中延駅・戸越公園駅・旗の台駅・荏原町駅、東急目黒線では西小山駅・奥沢駅・洗足駅、東急池上線では荏原中延駅・久が原駅です。

	約30分でアクセス可能な主要駅※2			
	東京	渋谷	新宿	池袋
	○	○	○	○
	○	○	○	
	○	○	○	
		○	○	
		○		
	○	○	○	
		○	○	
	○	○		
		○		
		○	○	

マップ（図表５－３）を見ると、特に東急目黒線の奥沢駅～東急東横線の田園調布駅周辺に流通見込みの中古戸建の戸数が顕著にまとまったところが多

順位	駅名	駅周辺の自治体	駅から徒歩圏内の相続発生見込みの戸建住宅（戸）※1		主な路線名
			2030年	2040年	
1	西大井	品川区	953	784	JR横須賀線
2	中延	品川区・大田区	926	750	東急大井町線・都営浅草線
3	戸越公園	品川区	861	698	東急大井町線
4	西小山	品川区・目黒区	770	623	東急目黒線
5	奥沢	世田谷区・目黒区	728	598	東急目黒線
6	荏原中延	品川区	722	580	東急池上線
7	旗の台	品川区・大田区	710	624	東急大井町線・池上線
8	荏原町	品川区・大田区	704	607	東急大井町線
9	久が原	大田区	704	665	東急池上線
10	洗足	目黒区・大田区・品川区	690	572	東急目黒線

図表5-2　**城南エリアの中古戸建の流通量増加が見込まれる主要４駅から30分圏内の駅**

※1　駅から10分圏内（800m）にある住宅のうち、2020年時点で75歳以上世帯が住む持ち家が、平均寿命85歳で相続が発生すると仮定して筆者が推計した

※2　平日朝８時に出発駅から概ね30分以内（乗り換え時間含む）で主要駅に到着する場合とした

データ出典：国勢調査（2020年）の町丁・字別データ、及び国土交通省国土数値情報の2022年度版鉄道データをもとに分析・作成

いことがわかります。このエリアは、区画道路がグリッド状に整備されており、緑が多くゆとりのある良好な住環境の街です（写真５−１）。すぐ近くの自由が丘には、おしゃれなお店やスーパー、飲食店があります。近年、奥沢エリアには、自由が丘のテナント賃料が高いこともあり、個性的なお店や飲食店がこのエリアに出店するケースが増えています。

驚くことに、２０３０年頃に流通見込みの中古戸建の戸数が顕著に多いエリアは、戦前に宅

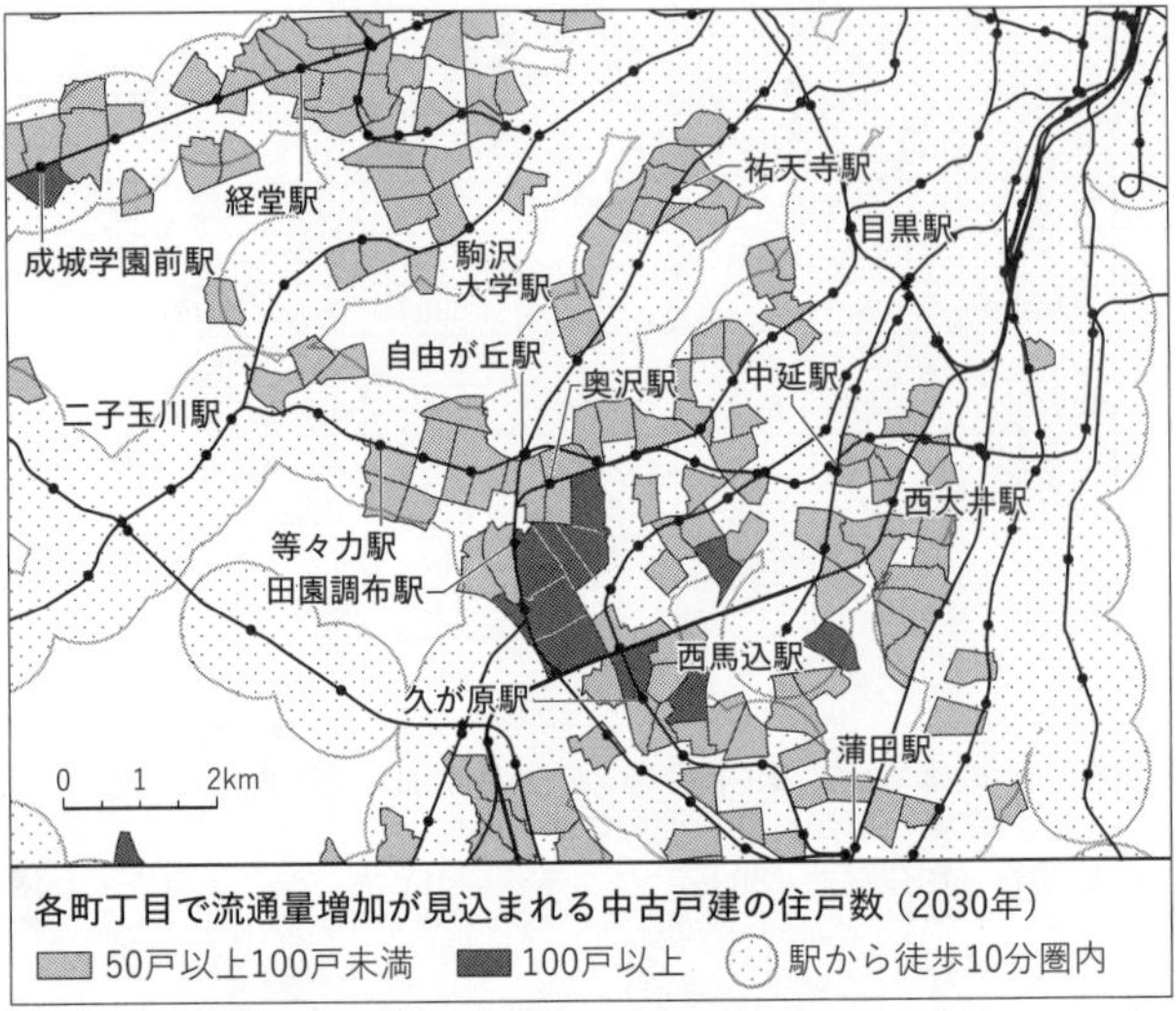

図表5-3　城南エリアの中古戸建の流通量増加が見込まれる駅徒歩圏エリア（2030年）
※各町の重心が駅から800m圏内にある町を表示
データ出典：国勢調査（2020年）の町丁・字別データ、及び国土数値情報の2022年度版鉄道データ（国土交通省）をもとに分析・作成

地開発が始まったところとぴったり重なっているのです。

　少し田園調布の歴史をひもといてみましょう。

　田園調布は、渋沢栄一が、大正時代、田園都市株式会社を設立したことから始まります。渋沢栄一と言えば、東急株式会社の礎を築き、２０２４年７月に発行された新１万円札の顔となっている人物です。田園都市株式会社は、東急電鉄の前身である目黒蒲田電鉄株式会社を設立して、目蒲線や東横線を開通させるとともに、その沿線住宅地開発を進めた、鉄道会社による沿線開発の先駆け的な存在でした。

田園調布の住宅地開発については、当時、イギリスの経済学者エベネザー・ハワードが提唱した「田園都市論」を参考に「多摩川台住宅地」という名前で開発が進められました。1923年9月、関東大震災が発生しましたが、このエリアに建てられた住宅に被害がなかったということで、郊外住宅地の評価が高まり、都心から郊外への移転が加速していきました。[1]

写真5-1　奥沢駅周辺の街並み

こうして多摩川台住宅地の開発が進められていく中で、その周辺（現在の田園調布1丁目・5丁目・田園調布本町など）も、別途、地主などによって宅地開発が進められていきました。田園調布地区に隣接する奥沢地区（世田谷区）でも、田園都市株式会社による農地買収から地区を守り、かつ、近隣の都市化に後れをとってはいけないと、大正15（１９２６）年に「玉川全円耕地整理組合」が設立され、宅地造成が進められました。その先陣を切って宅地造成に着手し、竣工（１９３１年）したのが、マップ（図表５-３）で濃いグレーとなっている田園調布駅と奥沢駅の間あたりです[2]。

こうした住宅地開発の歴史から計算すると、田園調布駅〜奥沢駅のエリアは、２０３０年時点で、入居開始から１００年以上経過することになります。要するに、開発当初に入居した世代を第1世代とすれば、その第1世代が他界し、相続で引き継いだ、あるいは購入した第2世代が、２０３０年頃に平均寿命を迎えることになると読み解けます。

実際に奥沢駅〜田園調布駅を歩いてみると、かつて高級住宅地として名高かった地域にも、すでに空き家になっている家がかなり目につきます。数年前の状況と比べても明らかに空き家が増えているように思います。例えば、写真５-２・写真５-３のように、駅からすぐの立地だったり、マンション建設が可能な場所にあるお屋敷が空き家になっています。しかも長期間放置されていることが一目瞭然の状態です。

奥沢駅や田園調布駅周辺は、都心エリアには及ばないものの、東急目黒線が都営三田線や東京メトロ南北線と相互に乗り入れて都心方面につながり、また、東急新横浜線が開業して東海道新幹線の新横浜駅にもつながるなど、交通の利便性が高い地域だと言えます。ゆとりある住環境の戸建住宅に住みたいという人にとっては、注目のエリアだと思います。

１００年ほど前、関東大震災という東京都心を直撃した不慮の災害があったため、郊

写真5-2　空き家となった駅前にあるお屋敷

写真5-3　草木が繁茂したお屋敷

外住宅地への評価が急速に高まりました。長期的な視点で見ると、今後、首都直下地震などの災害リスクの高まりや発生によって、もしかしたら、再び郊外住宅地の評価される時代が到来するかもしれません。それに向けて、こうした利便性が高く、かつ大量に相続の発生が見込まれるエリアについては、自治体も重点的に空き家にしないための政策を展開し、街の世代交代に備えることが求められます。

城西エリア（新宿区・渋谷区・杉並区・中野区）

城西エリア（新宿区・渋谷区・杉並区・中野区）で、２０３０年頃、相続発生に伴って住宅市場に流通する見込みの中古戸建（あるいは解体後の土地）の戸数が多い駅は、ＪＲ中央線の阿佐ケ谷駅・西荻窪駅・荻窪駅、東京メトロ丸ノ内線の南阿佐ケ谷駅、西武新宿線の野方駅・沼袋駅・下井草駅、京王井の頭線の三鷹台駅・西永福駅、京王線の下高井戸駅です（図表5-4）。

城西エリアでランキング1位の阿佐ケ谷駅や２位の西荻窪駅、８位の荻窪駅があるＪＲ中央線のこのあたりのエリアは、明治時代に新宿・立川間

	約30分でアクセス可能な主要駅※2			
	東京	渋谷	新宿	池袋
	○	○	○	○
	○	○	○	○
			○	○
		○	○	○
		○	○	○
		○	○	
			○	○
	○	○	○	○
		○	○	
			○	○

順位	駅名	駅周辺の自治体	駅から徒歩圏内の相続発生見込みの戸建住宅（戸）※1		主な路線名
			2030年	2040年	
1	阿佐ケ谷	杉並区	612	541	JR中央線
2	西荻窪	杉並区・武蔵野市	609	549	JR中央線
3	野方	中野区	576	487	西武新宿線
4	南阿佐ケ谷	杉並区	565	489	東京メトロ丸ノ内線
5	下高井戸	世田谷区・杉並区	552	475	京王線・東急世田谷線
6	三鷹台	杉並区	527	481	京王井の頭線
7	沼袋	中野区	526	428	西武新宿線
8	荻窪	杉並区	514	443	JR中央線・東京メトロ丸ノ内線
9	西永福	杉並区	514	465	京王井の頭線
10	下井草	杉並区・中野区	511	454	西武新宿線

図表5-4　**城西エリアの中古戸建の流通量増加が見込まれる主要4駅から30分圏内の駅**

※1　図表5-2と同じ

※2　図表5-2と同じ

データ出典：国勢調査（2020年）の町丁・字別データ、及び国土交通省国土数値情報の2022年度版鉄道データをもとに分析・作成

に甲武鉄道（現在のＪＲ中央線）が開通したことがきっかけで発展していきました。そして、多くの作家や文化人が居を構えたとされ、独特の魅力が形成されていきました。

とても興味深いことに、このエリアも田園調布のように、関東大震災で被災した人々の移住先となり、かつ、戦前に宅地開発が行われた街なのです。特に、下井草駅から西荻窪駅にいたるエリアでは、関東大震災後、都心から移住する人たちが増加する中で、無秩序な宅地開発が進まないようにと、土

写真5-4　戦前に土地区画整理事業が行われた井荻地区の住宅地

地区画整理事業が行われました（写真5－4）。つまり、2030年頃には100年程度が経つことになり、第3世代に街をバトンタッチできるかどうかという時期にさしかかっていると言えます。

一方で、杉並区の都市計画マスタープラン[3]（2023年3月）を見ると、阿佐ケ谷駅や南阿佐ケ谷駅周辺には、木造住宅密集地域もあります。そのため、杉並区は、延焼遮断としても機能する道路の整備や「建築物不燃化助成」に取り組んでいます。「建築物不燃化助成」の制度とは、木造住宅密集地域内の土地で、耐火性能の高い建物を新築する建築主に、建築工事費の一部を助成するものです。木造住宅密集地域については、短期間に改善させることは難しいですが、今後、個々の土地で燃えにくい建物へと建替えが進んでいくことで、今よりも安心・安全に暮らせる街に変化していくことが期待されます。

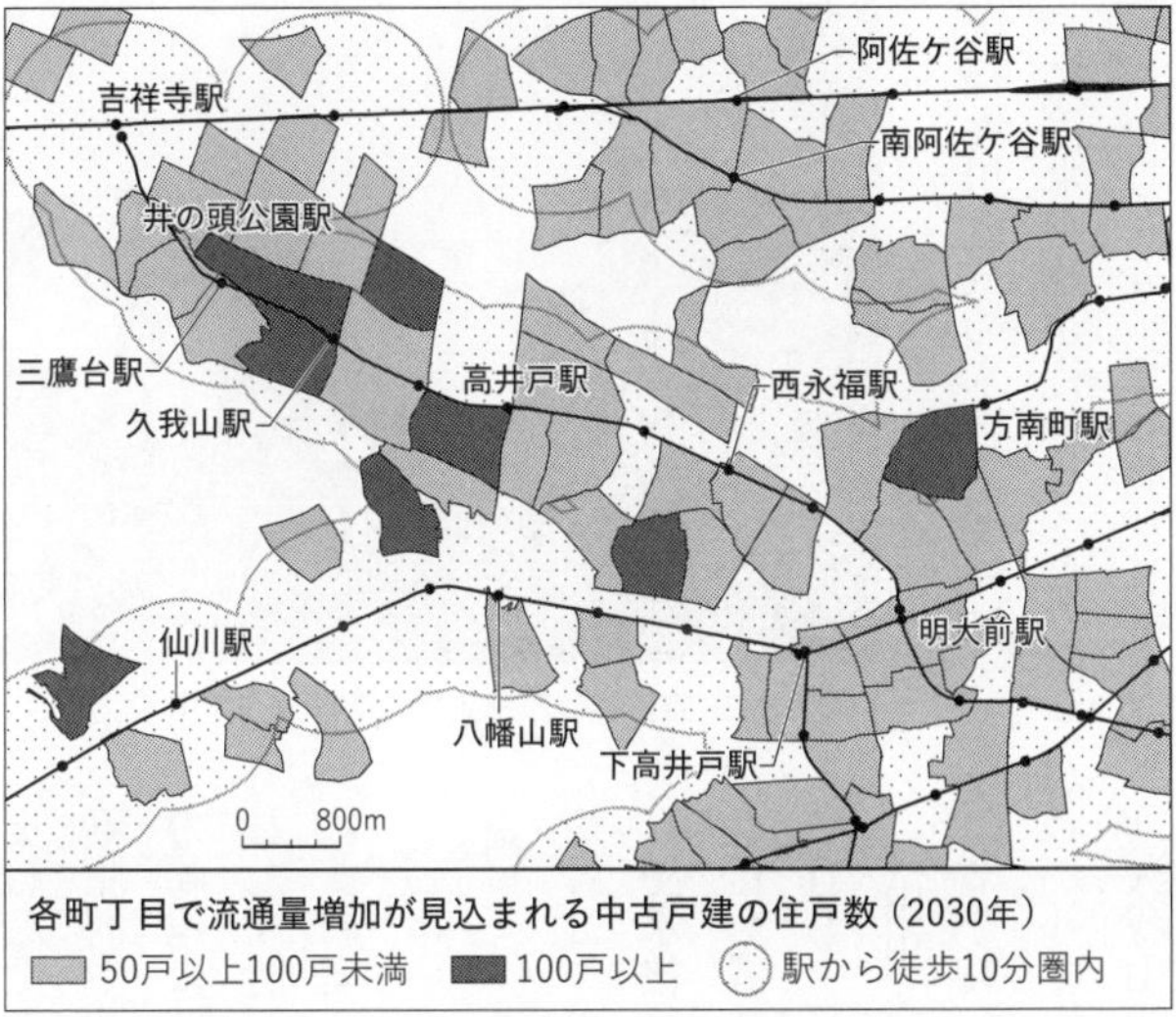

図表5-5　城西エリアの中古戸建の流通量増加が見込まれる駅徒歩圏エリア（2030年）

※各町の重心が駅から800m圏内にある町を表示

データ出典：国勢調査（2020年）の町丁・字別データ、及び国土数値情報の2022年度版鉄道データ（国土交通省）をもとに分析・作成

次に、マップ（図表5-5）を見ると、2030年頃に流通する見込みの中古戸建の戸数が顕著に多いのは、高井戸西1丁目、久我山3丁目・4丁目、宮前4丁目です。特に、流通する見込みの中古戸建の戸数が多いところは、京王井の頭線の沿線にまとまっていることがわかります。

京王井の頭線は、渋谷駅と吉祥寺駅を結ぶ路線で、1934年に全線が開通し

写真5-5　京王井の頭線永福町駅前の商店街

ました。沿線には小劇場やライブハウスなどがある下北沢や井の頭公園のある吉祥寺があります。各駅の周辺には、スーパーや小さな店舗、飲食店の充実した商店街があるなど生活利便性が高く、人気があります（写真5-5）。

とはいえ、この地域には弱点もあります。マップ（図表5-5）に示したエリアには、善福寺川、神田川と2つの川が流れていることもあり、昔から何度も浸水被害に悩まされてきた場所があるのです。杉並区公式情報サイト「すぎなみ学倶楽部」[4]には、2008（平成20）年3月、環状七号線の地下にある「神田川・環状七号線地下調節池」が本格稼働し、善福寺川流域の水害の軽減に大きな効果をもたらしたという旨が書かれており、これまでに治水対策が行われてきたことがわかります。

しかし、近年でもゲリラ豪雨により久我山駅前や阿佐ケ谷駅前が冠水するといった内水氾濫[5]の被害が発生しています。そのため、杉並区では、河川の氾濫や床上浸水リスクがある地域を対象に、住宅の高床化工事費の一部を助成する（2024年度では上限200万円）という特徴的な取り組みを行っています。

城西エリアのランキングにある駅周辺は、交通利便性も生活利便性も高いところばかりです。安全・安心な街を目指す施策にも取り組んでいます。ですので、今後、相続発生後の戸建住宅が市場にうまく流通するようになれば、このエリアは、ゆとりある住環境の戸建住宅に住みたいという人々のニーズにこたえられる可能性があります。

城北エリア（文京区・豊島区・北区・板橋区・練馬区）

城北エリア（文京区・豊島区・北区・板橋区・練馬区）で、2030年頃に相続に伴って住宅市場に流通する見込みの中古戸建（あるいは解体後の土地）の戸数が多い駅は、池袋駅の北東部に位置する北区の東京メトロ南北線の西ケ原駅、都電荒川線の西ヶ原四丁目停留場・滝野川一丁目停留場、JRの王子駅・東十条駅、板橋区の東京メトロ有楽町線の千川駅、豊島区の西武池袋線の椎名町駅、都電荒川線の新庚申塚停留場、都営三田線の西巣鴨駅、練馬区の西武池袋線の東長崎駅です（図表5-6）。

	約30分でアクセス可能な主要駅 ※2			
	東京	渋谷	新宿	池袋
	○		○	○
			○	○
	○		○	○
	○	○	○	○
	○	○	○	○
			○	○
	○	○	○	○
	○		○	○
			○	○
	○	○	○	○

写真5-6　西ケ原駅周辺の住宅地

マップ（図表5－7）でも、2030年頃に流通する見込みの中古戸建戸数が顕著に多いところは、東京メトロ南北線の西ケ原駅の西側と都電荒川線の滝野川一丁目停留場や西ヶ原四丁目停留場周辺です。

ランキングで1位の西ケ原駅や2位の西ヶ原四丁目停留場のエリアは、関東大震災後に都市化し、木造住宅密集地域が形成されました（写真5－6）。戦後は、軍事工場跡地に学校や病院、住宅が建設されていきました。[6]

北区の都市計画マスタープラン（2020年8月）を見ると、「西ケ原や滝野川などの木造住宅密集地域では、都市計画道路や生活道路の整備、オープンスペースの確保、老朽建築物の更新などによる防災まちづくりが求められてい

順位	駅名・停留場名	駅周辺の自治体	駅から徒歩圏内の相続発生見込みの戸建住宅（戸）※1		主な路線名
			2030年	2040年	
1	西ケ原	北区・豊島区	850	709	東京メトロ南北線
2	西ヶ原四丁目	北区・豊島区	818	656	都電荒川線
3	東十条	北区	801	648	JR京浜東北線
4	東長崎	豊島区・練馬区・中野区・新宿区	787	593	西武池袋線
5	西巣鴨	豊島区・北区・板橋区	771	618	都営三田線
6	滝野川一丁目	北区・豊島区	725	577	都電荒川線
7	千川	豊島区・板橋区	720	551	東京メトロ有楽町線・副都心線
8	王子	北区	690	555	JR京浜東北線・東京メトロ南北線
9	新庚申塚	豊島区・北区	680	569	都電荒川線
10	椎名町	豊島区・新宿区	672	534	西武池袋線

図表5-6　**城北エリアの中古戸建の流通量増加が見込まれる主要４駅から30分圏内の駅**

※1　図表5-2と同じ

※2　図表5-2と同じ

データ出典：国勢調査（2020年）の町丁・字別データ、及び国土交通省国土数値情報の2022年度版鉄道データをもとに分析・作成

ます」と指摘されています。そのため、建築物の不燃化・耐震化に対する助成や、都市計画道路事業にあわせて沿道の建築物を燃えにくい建物に建て替えていくことで、市街地全体で火災の延焼を食い止める空間の形成に努めるとされています。

こうした木造住宅密集地域を抱える北区では、駅前の再開発によってタワーマンションが旺盛に建設されています。例えば、ＪＲ埼京線の十条駅西側では、２０２４年度の完成を目指して、「十条駅西口地区第一種市街地

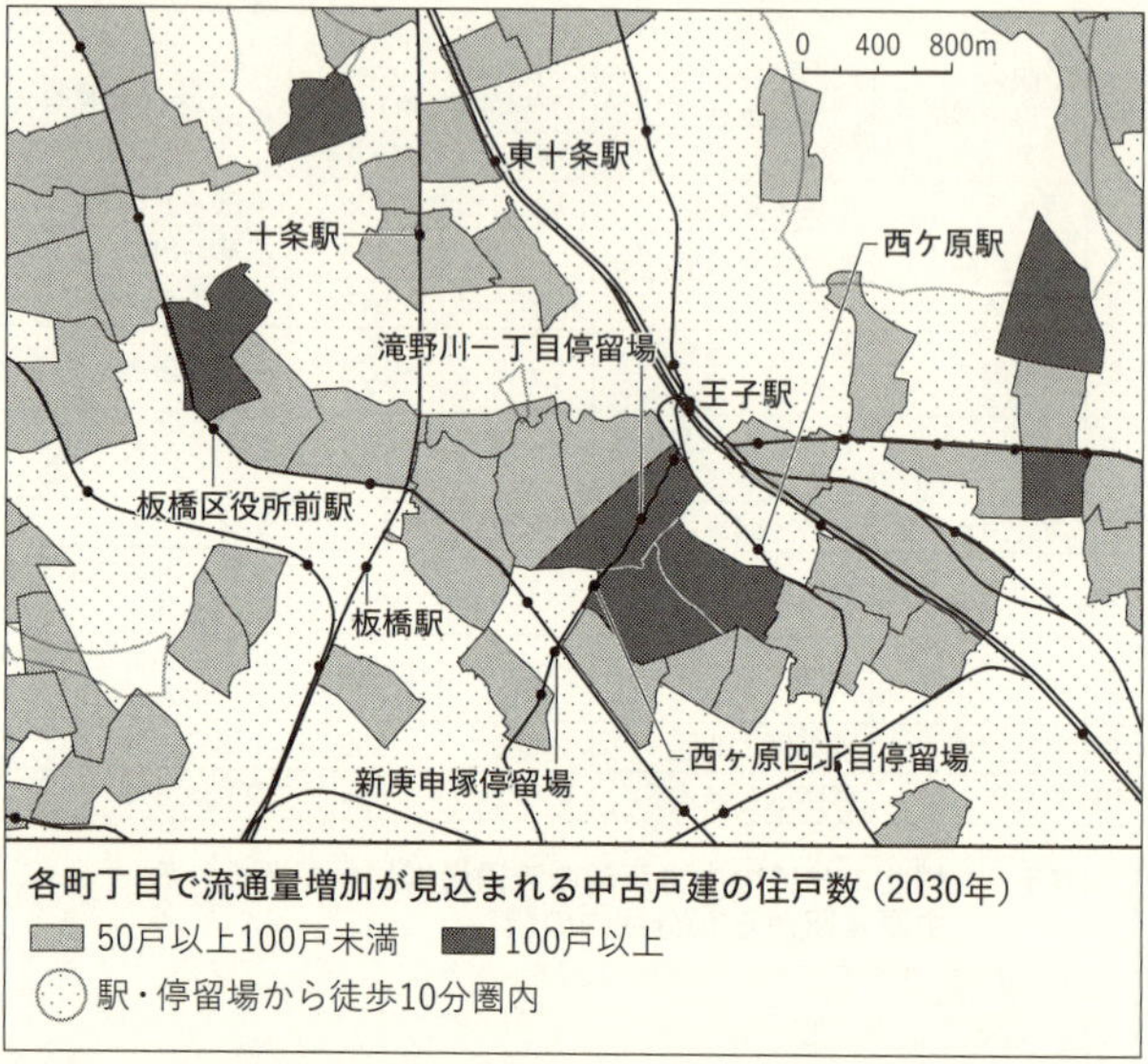

図表5-7 **城北エリアの中古戸建の流通量増加が見込まれる駅徒歩圏エリア（2030年）**

※各町の重心が駅から800m圏内にある町を表示

データ出典：国勢調査（2020年）の町丁・字別データ、及び国土数値情報の2022年度版鉄道データ（国土交通省）をもとに分析・作成

再開発事業」が施行されています。[7]これにより、駅前広場や道路の拡幅・整備が行われ、低層部に商業・業務・市民交流施設の入るタワーマンション（高さ１４６ｍ）が建てられる予定です。

また、ＪＲ王子駅周辺でも、新庁舎建設が検討されており、ＪＲ王子駅前でも再開発が動き出すとの報道があります。[8]北区王子にある日本製紙が、土地約１・５万㎡と建物を北区に譲渡することが発表されました。

ＪＲ王子駅周辺エリアについては、すでに東京都の都市計画の中でも、市街地の再開発を促進して中高層住宅地を計画的に誘導すべき地区に位置付けられています。また、２０２３年５月に、北区が「王子駅周辺まちづくりガイドライン」を策定済みです。これを見ると、ＪＲ王子駅前はかなり広範囲に市街地の整備を進める方向性が打ち出されています。そのため、今後、街の姿は大きく変わる可能性があります。

こうした大規模な再開発の推進だけでなく、今後、大量に発生してくる戸建住宅の相続の機会を的確に捉え、燃えにくい建物への建替えについても支援策を充実させていくことで、地区全体の世代交代が可能になると考えられます。

城東エリア（台東区・江東区・江戸川区・墨田区・葛飾区・足立区・荒川区）

城東エリア（台東区・江東区・江戸川区・墨田区・葛飾区・足立区・荒川区）で主要４駅から30分圏内にある駅のうち、２０３０年頃に流通する見込みの中古戸建の戸数が多い駅は、京成押上線の京成曳舟駅・東武伊勢崎線の曳舟駅・東向島駅、京成線の町屋駅、東京メトロ日比谷線の三ノ輪駅、都電荒川線の町屋駅前停留場・熊野前停留場、都営日暮里・舎人ライナーの赤土小学校前駅、ＪＲの尾久駅・上中里駅です（図表５－８）。

マップの図表５－９のエリアの多くは木造住宅密集地域です。こうした木造住宅密集地域の改善に向けて、市街地再開発事業だけでなく、道路の拡幅・整備が進められています。しかし、東京都の地震に関する地域危険度測定調査（建物倒壊危険度、火災危険度）で危険性が高いとされる地区がまだまだ残っています。

また、第４章でも述べましたが、江東５区の低地に位置していることから、浸水リスクも高いエリアとなっています。例えば、京成曳舟駅周辺では、洪水や高潮によって想定される浸水深が３・０～５・０ｍ、また、浸水継続時間は２週間以上とされています。[9]

	約30分でアクセス可能な主要駅※2			
	東京	渋谷	新宿	池袋
	○			
	○			○
	○			
	○			
	○			
	○			○
	○			○
	○			
	○		○	○
	○		○	○

順位	駅名・停留場名	駅周辺の自治体	駅から徒歩圏内の相続発生見込みの戸建住宅（戸）※1		主な路線名
			2030年	2040年	
1	京成曳舟	墨田区	1093	852	京成押上線
2	町屋	荒川区	1059	851	京成線・東京メトロ千代田線
3	曳舟	墨田区	959	745	東武伊勢崎線
4	熊野前	荒川区・足立区	905	727	都電荒川線・都営日暮里・舎人ライナー
5	三ノ輪	台東区・荒川区	894	716	東京メトロ日比谷線
6	町屋駅前	荒川区	893	705	都電荒川線
7	赤土小学校前	荒川区・北区	851	710	都営日暮里・舎人ライナー
8	東向島	墨田区	832	666	東武伊勢崎線
9	尾久	北区・荒川区	797	637	JR宇都宮線
10	上中里	北区	786	645	JR京浜東北線

図表5-8　**城東エリアの中古戸建の流通量増加が見込まれる主要4駅から30分圏内の駅**

※1　図表5-2と同じ

※2　図表5-2と同じ

データ出典：国勢調査（2020年）の町丁・字別データ、及び国土交通省国土数値情報の2022年度版鉄道データをもとに分析・作成

こうした状況の中で、墨田区では、市街地の改善に向けた様々な事業が進められています。写真5－7のように、曳舟駅周辺は、2001年から京成押上線の連続立体交差事業や市街地再開発事業等によって街の姿が大きく変化しました。そして、今後も引き続き、区北部地域の広域拠点にするために、再開発事業や、エリア内の道路の拡幅・整備を進めるとしています（写真5－8）。

こうした整備が進展することで、街の魅力・利便性・防災性が向上していけば、今後、大量の相続を

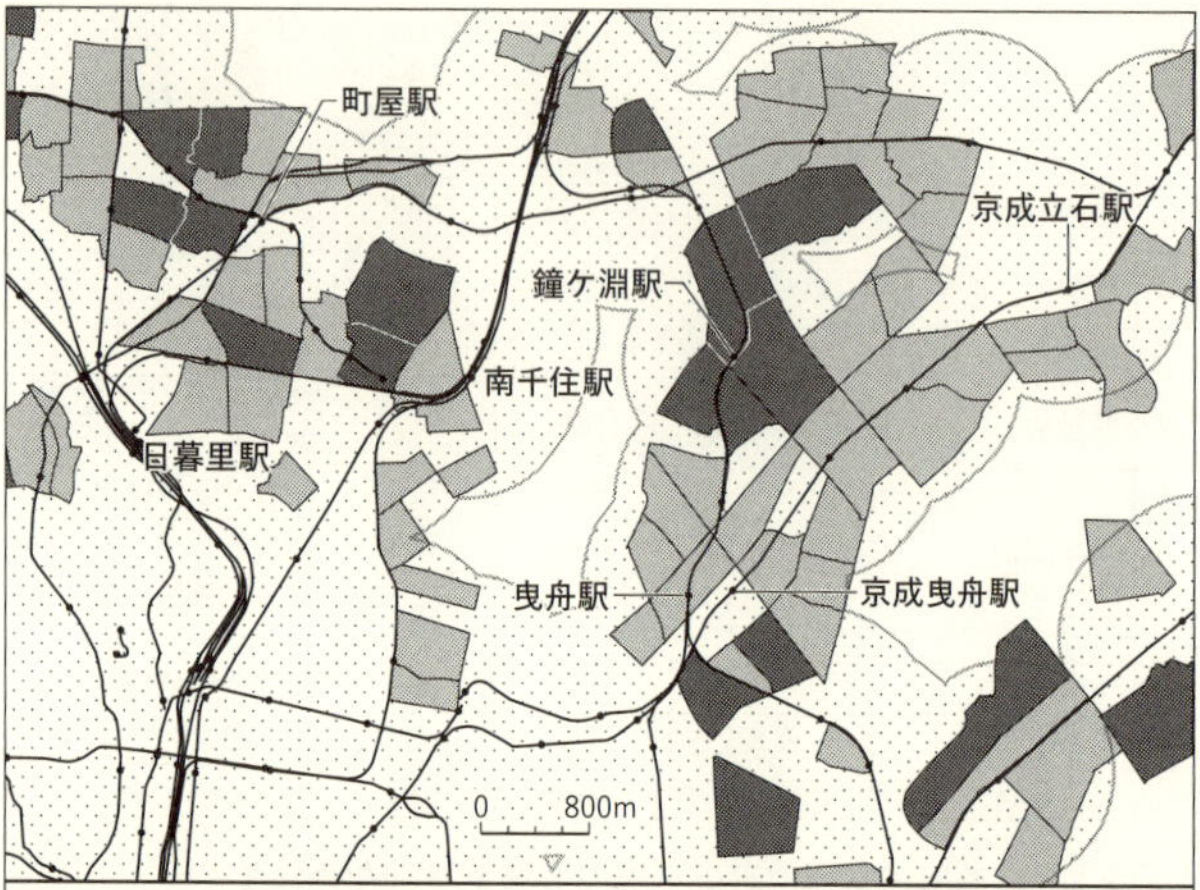

各町丁目で流通量増加が見込まれる中古戸建の住戸数（2030年）
50戸以上100戸未満　100戸以上　駅から徒歩10分圏内

図表5-9　城東エリアの中古戸建の流通量増加が見込まれる駅徒歩圏エリア（2030年）

※各町の重心が駅から800m圏内にある町を表示

データ出典：国勢調査（2020年）の町丁・字別データ、及び国土数値情報の2022年度版鉄道データ（国土交通省）をもとに分析・作成

機に街の世代交代が期待されます。しかし、狭い道路沿いの狭小敷地は、若い世帯のニーズに合致しないことも懸念されます。そのため、となりの敷地と統合してより広い敷地にし、そこに燃えにくい住宅を建てる場合（「2戸1（ニコイチ）」と言います）、建築工事費の助成が得られるといった支援策も検討することが必要でしょう。

前述しましたが、もう一つ重要なことがあります。

それは、このエリアは浸水リスクが高く、いったん浸水すると2週間以上、水が引かないという問題です。つまり、事前避難の対策を講じるだけでは十分とはなりません。安心・安全に住み続けるためには、街を根本的につくりかえていくことも必要なのです。

写真5-7　**曳舟駅前地区第一種市街地再開発事業の完了後の様子**

写真出典：墨田区ウェブサイト「曳舟駅前地区第一種市街地再開発事業の概要」

写真5-8　木造住宅密集地域の道路の拡幅・整備が進められている、京成曳舟駅周辺エリア

例えば、想定浸水深以上の高さの部屋に逃げ込めるように住宅を高床化していくことなどが考えられます。前述の杉並区のように、住宅の高床化にかかる工事費の一部を手厚く助成する方法もあるでしょう。さらに、避難生活の長期化に備えて、駅前再開発等を行う際には、想定浸水深以上の高さに周辺住民の避難拠点となるスペースを整備することも急務です。また、こうした避難拠点に集まった被災者を、どうやって他の安全な場所に移動させるのか、水が引くまでの間、どうやって生活を支援するのかといった点も具体的に検討しなくてはなりません。こうした観点から、平時に避難訓練をすることも求められます。

多摩方面の中古戸建

多摩方面エリアで主要４駅から30分圏内にある駅のうち、２０３０年頃に流通する見込みの中古戸建の戸数が多い駅は、京王井の頭線の井の頭公園駅、ＪＲ中央線の吉祥寺駅・武蔵小金井駅・武蔵境駅・三鷹駅・東小金井駅、小田急小田原線の狛江駅、京王線の仙川駅・つつじヶ丘

	約30分でアクセス可能な主要駅 ※2			
	東京	渋谷	新宿	池袋
		○	○	
		○	○	○
			○	
		○	○	
			○	
			○	
			○	
			○	
			○	
			○	

順位	駅名	駅周辺の自治体	駅から徒歩圏内の相続発生見込みの戸建住宅（戸）※1		主な路線名
			2030年	2040年	
1	井の頭公園	三鷹市・武蔵野市・杉並区	497	456	京王井の頭線
2	吉祥寺	武蔵野市・三鷹市	460	425	JR中央線・京王井の頭線
3	狛江	狛江市	401	345	小田急小田原線
4	仙川	調布市・三鷹市・世田谷区	394	314	京王線
5	武蔵小金井	小金井市	387	394	JR中央線
6	武蔵境	武蔵野市・三鷹市	366	317	JR中央線
7	三鷹	三鷹市・武蔵野市	357	352	JR中央線
8	つつじヶ丘	調布市・三鷹市	346	325	京王線
9	調布	調布市	296	281	京王線・京王相模原線
10	東小金井	小金井市	293	302	JR中央線

図表5-10　多摩方面の中古戸建の流通量増加が見込まれる主要４駅から30分圏内の駅

※1　図表5-2と同じ

※2　図表5-2と同じ

データ出典：国勢調査（2020年）の町丁・字別データ、及び国土交通省国土数値情報の2022年度版鉄道データをもとに分析・作成

駅・調布駅で、ＪＲ中央線と京王線の駅が大半となっています（図表５－10）。

マップ（図表５－11）を見ると、ＪＲ中央線も京王線も、主要４駅まで30分圏内の駅では、２０３０年頃に流通する見込みのある中古戸建の戸数が顕著に多い町丁目（濃いグレー）は駅から少し離れたところにあることがわかります。これは、都市計画の用途地域が、駅周辺は商業系用途地域、その周りに低層の住宅を中心とした住居系用途地域が指定されているケースが多いこととも関係しています。

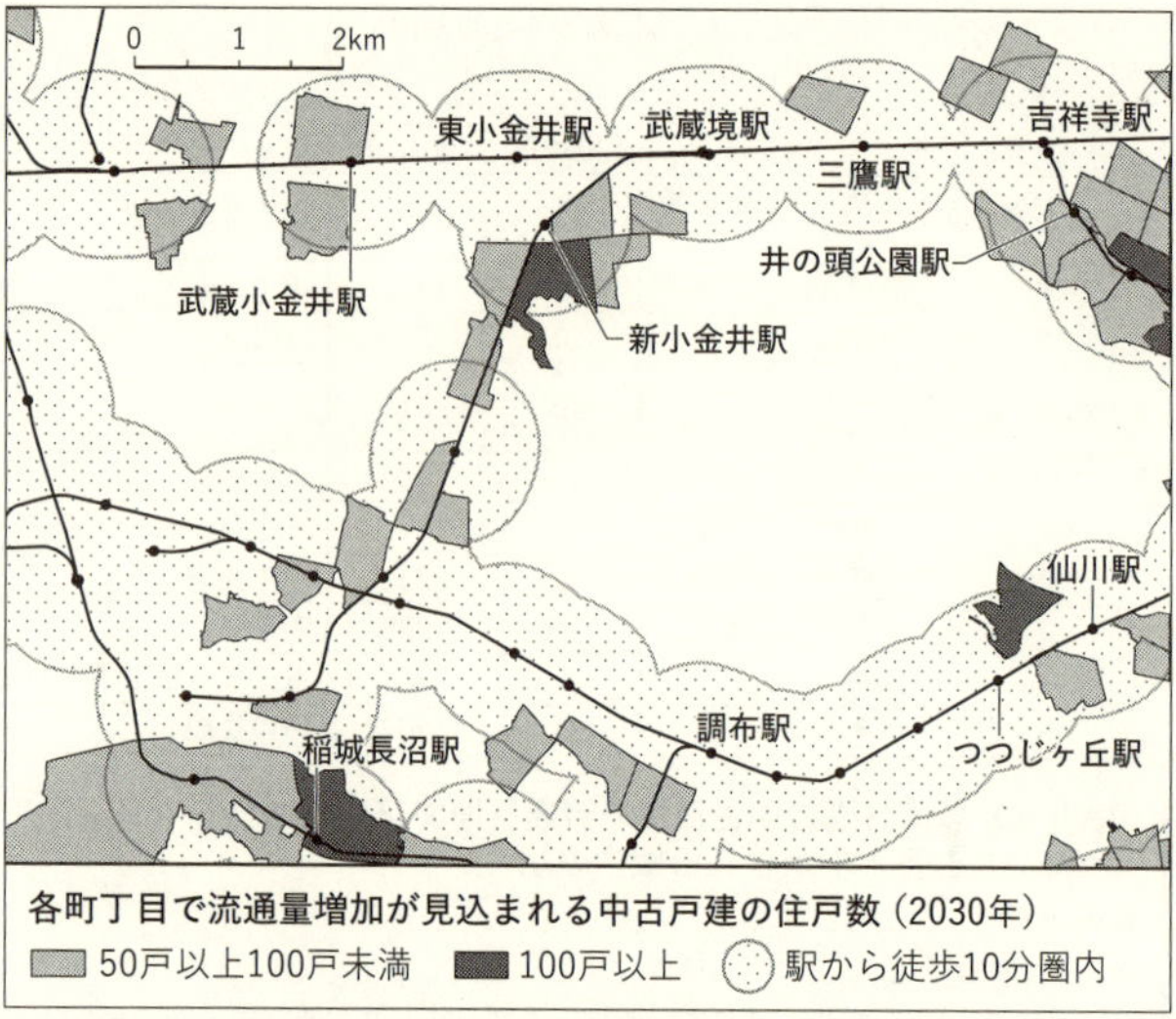

図表5-11　多摩方面の中古戸建の流通量増加が見込まれる駅徒歩圏エリア（2030年）
※各町の重心が駅から800m圏内にある町を表示
データ出典：国勢調査（2020年）の町丁・字別データ、及び国土数値情報の2022年度版鉄道データ（国土交通省）をもとに分析・作成

図表5－10のランキングの中で唯一、渋谷駅・新宿駅・池袋駅の3駅に30分以内でアクセスできるのは2位の吉祥寺駅です。

吉祥寺駅の周辺には、百貨店などの大規模な商業施設やオフィス、個性的な店舗や飲食店が集積しています。そして、こうした商業施設やオフィスのエリアを取り囲むように、閑静な住宅街が広がっています。

また、なんといっても、駅から徒歩5分のところに井の頭公園のあることが吉祥寺の大きな魅力と言えます。井の頭公園は、季節折々の自然を感じられる遊歩道や雑木林、ボートを楽しめる大きな池、動物と触れ合える自然文化園、ミニ遊園地、三鷹の森ジブリ美術館などがある人気のスポットです。公園までの道の途中にも、カフェやレストラン、テイクアウトのできるお店などがあります。

このように、吉祥寺駅周辺は、都心への交通利便性が高いだけでなく、自然豊かな井の頭公園が近くにあるということで、住みたい街ランキング常連の街となっています。実際に吉祥寺は、マキヒロチ氏の漫画『吉祥寺だけが住みたい街ですか？』の舞台になっていたり、この漫画がテレビドラマ（テレビ東京）になっていたりもします。

写真5-9　吉祥寺駅周辺の住宅地

ところで、吉祥寺南町の閑静な住宅地を歩いてみると、道路がまっすぐ整然としていることに気づきます（写真5-9）。この謎を解くために、すこし吉祥寺の町の成り立ちについてひもといてみましょう。
吉祥寺地域のルーツは、江戸時代にさかのぼります。1657年の江戸の大半を焼いた明暦の大火で、水道橋近く駿河台にあった吉祥寺という寺と門前町が被災し、住民が焼け出されました。その移住先として幕府からあてがわれたのが、いまの吉祥寺と言われています。[10]

そしてこの時、移住のために土地を開墾する際、五日市街道に沿って土地を短冊状に地割しました。この地割でできた細長い土地は、街道沿いに屋敷を建て、その奥に農地、さらに奥を樹林地として利用されていました（図表5-12）。

図表5-12　明治時代の吉祥寺村における短冊状の地割
地図出典：農研機構農業環境研究部門「歴史的農業環境閲覧システム」

その後、1899年に甲武鉄道（現在のJR中央線）の吉祥寺停車場が開設され、1

923年の関東大震災後の人口急増、1934年帝都電鉄（現在の京王井の頭線）の吉祥寺駅開業を経て、戦後、市街地が拡大していきました。その際、短冊状になっていた土地は、個々に住宅に転用されたり、民間企業等によって宅地開発がなされたりして、現在の住宅地の姿になっていったのです。[11] こうした歴史を経て、吉祥寺の戸建住宅地は、整然とした区画となっているわけです。

しかし、吉祥寺に住みたいという人は多いにもかかわらず、今は空き家と思われる家がとても目につくようになっています。こうした街の現状を見るにつけ、空き家問題は、もう地方都市だけの問題ではなくなっていると感じざるをえません。

ここまで見てきた通り、今後、23区内で利便性が高く、住環境も良好な人気の戸建住宅地で、大量の相続が発生し中古戸建の流通増が見込まれます。しかし、市区町村ごとの都市計画だけでは調整しきれないのが住宅問題の痛いところです。いくつもの自治体をまたいで敷設される鉄道の沿線として見ると、駅ごとにタワーマンションがつくられるような再開発の計画があり、郊外エリアでも新たな住宅開発が進められています。

こうした中、古くからある戸建住宅地では、相続後に空き家のまま長期間置いておく

	約30分でアクセス可能な主要駅※2			
	東京	渋谷	新宿	池袋
	○			
	○			
				○
	○		○	○
	○		○	○
			○	○
	○			
	○			○
	○		○	○
	○			

ケースが増えると、街の世代交代がうまく実現できず、人気の住宅地ですら衰退が始まってしまう危険があるのです。

今後の街の世代交代に向けて、相続発生後の中古住宅や、住宅解体後の土地をどうやってスムーズに流通させるのか。自治体の都市政策として、駅前などの再整備や再開発だけでなく、戸建住宅地の再生にも力点を置くべき時期であることがわかります。

埼玉方面・千葉方面の中古戸建

埼玉方面・千葉方面で主要4駅のいずれかから30分圏内にある駅のうち、2030年頃に流通する見込みの中古戸建の戸数が多い駅は、千葉方面ではJR総武線の本八幡駅・市川駅・船橋駅、JR常磐線の松戸駅、埼玉方面では東武東上線の志木駅・朝霞駅、JR京浜東北線の浦和駅・西川口駅・大宮駅・川口駅などです（図表5-13）。

マップ（図表5-14）を見ると、本八幡駅周辺や市川駅周辺は、2030年頃に流通見込みの中古戸建の戸数が顕著に多い町丁目はありませんが、徒歩圏内のそれぞれの町丁目の戸数を

順位	駅名	駅周辺の自治体	駅から徒歩圏内の相続発生見込みの戸建住宅（戸）※1		主な路線名
			2030年	2040年	
1	本八幡	市川市	558	580	都営新宿線・JR総武線
2	市川	市川市	427	413	JR総武線
3	志木	新座市・志木市・朝霞市	377	412	東武東上線
4	浦和	さいたま市	373	349	JR宇都宮線・高崎線・京浜東北線
5	西川口	川口市・蕨市	342	372	JR京浜東北線
6	朝霞	朝霞市・和光市	282	290	東武東上線
7	船橋	船橋市	273	274	JR総武線・東武野田線
8	大宮	さいたま市	269	272	JR宇都宮線・高崎線・京浜東北線・埼京線・川越線・東武野田線・ニューシャトル
9	川口	川口市	221	304	JR京浜東北線
10	松戸	松戸市	218	248	JR常磐線・新京成線

図表5-13　**埼玉・千葉方面の中古戸建の流通量増加が見込まれる主要４駅から30分圏内の駅**

※1　図表5-2と同じ

※2　図表5-2と同じ

データ出典：国勢調査（2020年）の町丁・字別データ、及び国土交通省国土数値情報の2022年度版鉄道データをもとに分析・作成

足し合わせた結果、ランキングが1位になっています。なお、マップ（図表5－14）の中で、流通見込みの中古戸建の戸数が顕著に多い町丁目（濃いグレー）が顕著にまとまっているエリアは、ランキング表にはない新鎌ヶ谷駅や北習志野駅周辺の郊外住宅地ですが、いずれも、東京駅まで50分程度の場所にある郊外住宅地です。

千葉方面で２０３０年頃に流通する見込みの中古戸建の戸数が最も多い駅は本八幡駅でした。

本八幡駅は、都営新宿線の始発駅で、ＪＲ総武線と京成線の京成

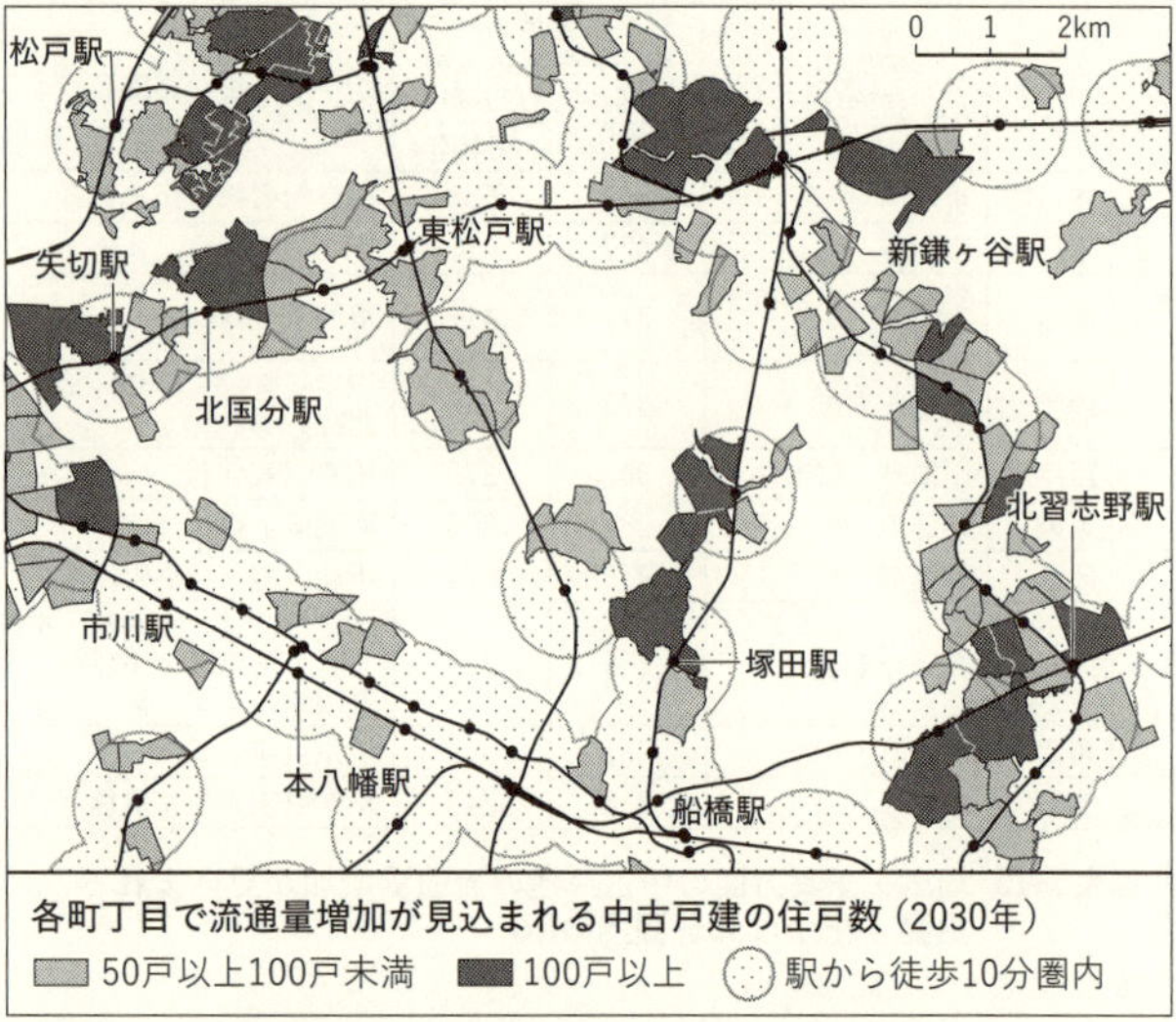

図表5-14 千葉方面の中古戸建の流通量増加が見込まれる駅徒歩圏エリア（2030年）

※各町の重心が駅から800m圏内にある町を表示

データ出典：国勢調査（2020年）の町丁・字別データ、及び国土数値情報の2022年度版鉄道データ（国土交通省）をもとに分析・作成

八幡駅が利用できます。駅前には、公共施設や商業施設、商店街もあり、生活の利便性が高い街です（写真5-10）。駅から少し離れたエリアには、かつて政治家や都内に住む富豪の別荘地として人気が高かったことから、「千葉の鎌倉」と呼ばれていた場所もあります。一方で、生活道路が狭く、住宅等の建て詰まりが起きているところも見られます。

本八幡駅周辺は、近年の

駅北口の再開発で建てられたタワーマンションや、２０１３年にスカイツリーのある墨田区押上から移転してきた京成電鉄本社などが注目されがちですが、駅から徒歩圏内には、戸建住宅地が広がっています（写真５-11）。

写真5-10　再開発が進む本八幡駅前

写真5-11　本八幡駅周辺の住宅地

このエリアは１９６０年頃にはすでに人口が集中していました。このため、ご多分に漏れず、すでに空き家が増えています。市川市の空家等対策計画（２０１７年12月）によると、市が２０１６年４月１日時点で、空き家になる可能性が高い住宅（１年以上水道が閉栓されている住宅）の状況を調査した結果、八幡エリアには、すでに１５０５戸もあるとされています。こうした戸建住宅地では、すでにある空き家の流通促進策とともに、これ以上空き家を増やさないための予防策への注力が必要不可欠です。

なお、国土交通省の「重ねるハザードマップ」によると、本八幡駅周辺は、高潮によって想定される浸水深は３・０〜５・０m、洪水によって想定される浸水深は０・５〜３・０m（想定最大規模）ですが、浸水継続時間は３日〜１週間未満と少し長くなる危険性があります。

ＪＲの本八幡駅と国道14号に面している八幡二丁目の区域で、「本八幡駅北口駅前地区第一種市街地再開発事業」の都市計画決定（２０２４年３月）がなされました。この再開発で、さらに２棟のタワーマンションがたち、約８７０戸の住宅や商業施設が入る予定（２０３１年竣工予定）と

約30分でアクセス可能な主要駅 ※2			
東京	渋谷	新宿	池袋
	○		
○			
		○	
	○		
	○	○	
○	○	○	
	○	○	
○			
	○		
	○		

順位	駅名	駅周辺の自治体	駅から徒歩圏内の相続発生見込みの戸建住宅（戸）※1		主な路線名
			2030年	2040年	
1	菊名	横浜市	448	459	東急東横線・JR横浜線
2	矢向	横浜市・川崎市	421	349	JR南武線
3	新百合ヶ丘	川崎市	338	303	小田急小田原線・多摩線
4	日吉	横浜市・川崎市	306	268	東急東横線・横浜市営地下鉄グリーンライン
5	生田	川崎市	298	248	小田急小田原線
6	新川崎	川崎市	297	225	JR横須賀線
7	和泉多摩川	狛江市	266	218	小田急小田原線
8	鶴見	横浜市	261	250	JR京浜東北線・鶴見線
9	元住吉	川崎市	236	202	東急東横線
10	綱島	横浜市	213	223	東急東横線

図表5-15　**横浜方面の中古戸建の流通量増加が見込まれる主要４駅から30分圏内の駅**

※1　図表5-2と同じ
※2　図表5-2と同じ
データ出典：国勢調査（2020年）の町丁・字別データ、及び国土交通省国土数値情報の2022年度版鉄道データをもとに分析・作成

されています。こうした再開発でつくられる建物に、浸水が数日程度続いても街の機能が継続できる機能を導入するなど、周辺の戸建住宅地も含めた地域全体の災害対策も必須といえます。

横浜方面の中古戸建

横浜方面エリアで主要４駅から30分圏内にある駅のうち、２０３０年頃に流通する見込みの中古戸建の戸数が多い駅は、東急東横線の菊名駅・日吉駅・元住吉駅・綱島駅、小田急線の新百合ヶ丘駅・生田駅、ＪＲの矢向駅・新川崎駅・鶴見駅などです（図表５－15）。

マップ（図表５－16）を見ると、２０３０年頃に流通する見込みのある中古戸建の戸数が顕著に多い町丁目があるのは、ランキングにはない青葉台駅や川和町駅、東山田駅、西谷駅などですが、いずれも、主要４駅まで30分以上の場所にある郊外住宅地です。

図表５－15のランキングで１位の駅は、菊名駅です。駅から少し歩いたところに、錦

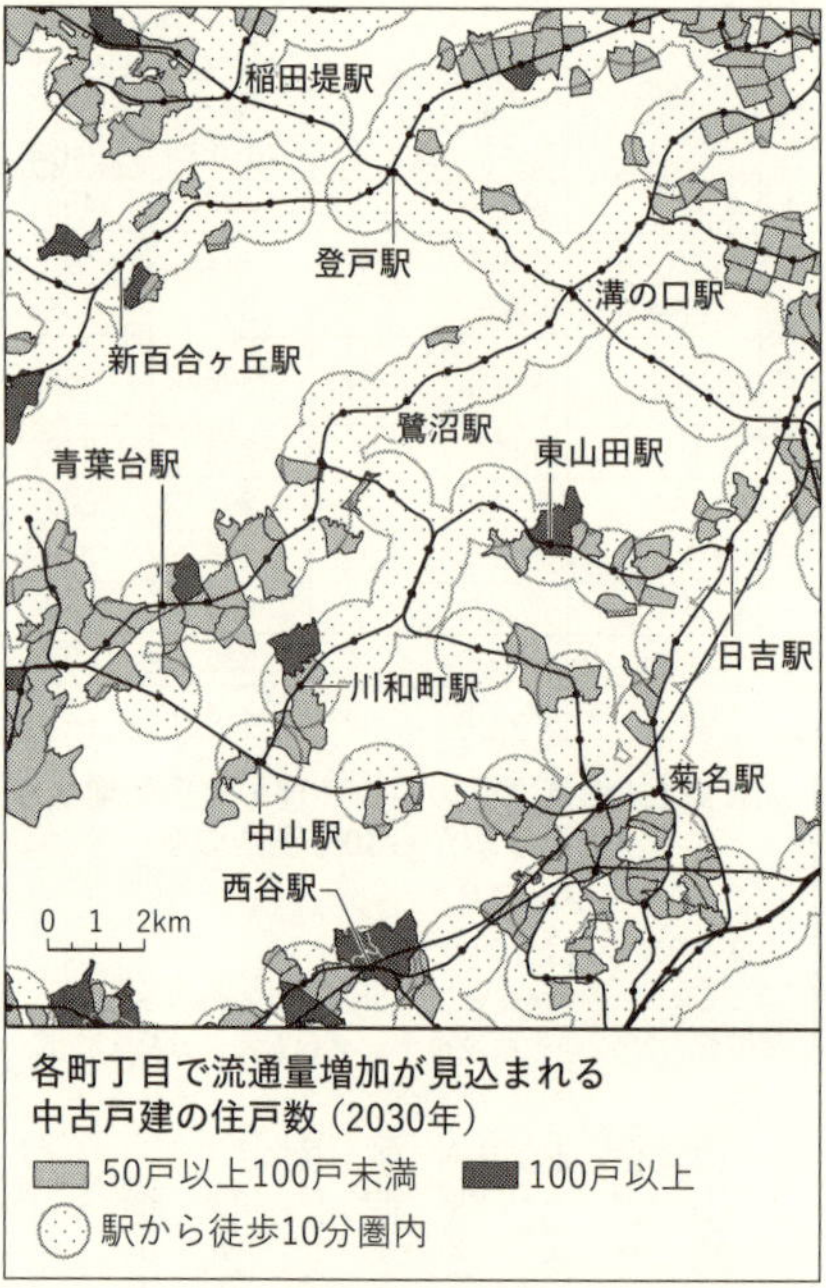

図表5-16　横浜方面の中古戸建の流通量増加が見込まれる駅徒歩圏エリア（2030年）

※各町の重心が駅から800m圏内にある町を表示

データ出典：国勢調査（2020年）の町丁・字別データ、及び国土数値情報の2022年度版鉄道データ（国土交通省）をもとに分析・作成

が丘という閑静な戸建住宅地があります（写真5‐12）。

錦が丘は、当時の東京横浜電鉄（後の東急電鉄）が、東急東横線の開通に伴い、田園調布などに続いて開発し、1927年から「菊名分譲住宅地」として販売した住宅地です。つまり、またしても2030年には約100年を迎える街なのです。

写真5-12　菊名駅周辺、錦が丘の住宅地

菊名駅から錦が丘の方向に歩いていくと、不思議なことに、突如、ロータリーが現れます（写真5‐13）。なぜこんなところにロータリーがあるのかは諸説あるそうですが、当初、このロータリーのところに菊名駅をつくるはずだったが実現できなかったという説が有力のようです[12]。

また、同じ東急東横線にある日吉駅周辺エリアも、1926年に駅が開設され、当時の東京横浜電鉄によって住宅地の開発が進められた街で、2030年には宅地開発から約100年になる街です。

このように、東急沿線には、宅地開発から100年を迎える街が多いのです。そのため、開発当初に入居した第1世代から相続後に引き継いだ、あるいは購入した第2世代の戸建住宅で、2030年頃に大量に相続の発生することが見込まれているのです。

次に、小田急線沿線についても見てみましょう。図表5-15のランキング3位の小田急線の新百合ヶ丘駅は、川崎市北部の丘陵地に位置し、駅前に大型商業施設やシネマコンプレックス、公共施設などが集積し、周辺にマンション、さらにその外側には閑静な戸建の住宅地が広がっています。

写真5-13 菊名駅周辺、錦が丘にあるロータリー

新百合ヶ丘駅は、小田急電鉄の多摩ニュータウンへの新線敷設を機につくられ、19

７４年に開業しました。１９７６年に、無秩序な宅地化が進行しないように、土地区画整理事業が始まりました。周辺の丘陵地の道路や駅前広場やデッキなどの整備が進められ、良好な住環境となっています。

写真5-14　新百合ヶ丘駅周辺の住宅地

マップ（図表５-16）を見ると、２０３０年頃に流通する見込みの中古戸建の戸数が顕著に多いところは、新百合ヶ丘駅東側の上麻生2丁目です（写真５-14）。ここは、宅地開発から50年程度であることから、開発当時に移り住んだ多くの居住者（第１世代）が、２０３０年頃に平均寿命を迎える年齢層になっている世帯が多いものと推測されます。

新百合ヶ丘駅周辺の戸建住宅地の今後に大きく影響するのが、２０３０年を目標にした横浜市営地下鉄ブルーラインの延伸計画です。

横浜市営地下鉄ブルーラインは、現在、横浜市内を南北方向に結んでいますが、それを東急田園都市線のあざみ野駅から小田急電鉄新百合ヶ丘駅まで延伸する計画があります（写真5－15）。開業すれば、小田急線が東急田園都市線と接続し、横浜中心部へのアクセスが格段に向上します。また、これまで東急方面にバス等で移動していた人たちにとっての利便性が向上することも期待されています。

写真5-15　横浜市営地下鉄が延伸予定の新百合ヶ丘駅

第3章で触れましたが、新百合ヶ丘駅周辺は、川崎市の「都市再開発の方針」において、再開発を促進する地区に指定される予定（2024年度）とされており、再開発等で大きく変貌する可能性があります。

こうした郊外の駅前再開発では、2030年頃から大量に相続が発生する戸建住宅地において、スムーズな世代交代を後押しするような施設・機能を導入することが重要です。都心のベッドタウン化を助長する形ではなく、企業のサテライトオフィスや副業・リモートワークを支えるシェアオフィスなどが集積した「働く場」を備えた街に変えていくことが必要となります。つまり、郊外においては、駅前再開発で分譲のタワマンを建設して大量に住宅を供給することによって、このエリアの住宅需要をあらかた吸い取ってしまうことがないように留意した計画づくりが求められます。

●注

1　東急ウェブサイト「街づくりの軌跡」
2　東玉川の歴史を語りつぐ会ウェブサイト「東玉川の歴史」（平成24年3月）
3　正式名称は、「杉並区まちづくり基本方針」。
4　杉並区公式情報サイト「すぎなみ学倶楽部」https://www.suginamigaku.org/
5　内水氾濫とは、下水道等の排水施設の能力を超えた雨が降った時や、雨水の排水先の河川の水位が高くなった時等に、雨水が排水できなくなり、下水道や水路等から雨水があふれだし、浸水する現象のこと。
6　北区ウェブサイト「北区都市計画マスタープラン２０２０」（２０２０年8月）
7　北区ウェブサイト「十条駅西口地区第一種市街地再開発事業」（最終更新日：２０２４年２月22日）
8　日刊工業新聞社「ニュースイッチ」ウェブサイト、「紙のまち・王子の懸案、駅前再開発が

動き出す…日本製紙が土地譲渡」（2023年9月2日）
9 国土交通省「重ねるハザードマップ」の想定最大規模。
10 産経新聞ウェブサイト地名研究室「吉祥寺（東京都武蔵野市）きっかけは明暦の大火」（2008年12月15日付）
11 吉野歩「武蔵野段丘上の短冊状新田村落にみる大都市近郊の郊外住宅地形成－先行する短冊状地割と土地利用形態の継承・再編－」2014年度明治大学理工学部修士論文
12 公益財団法人大倉精神文化研究所「横浜市港北区地域の研究」、「はまれぽ．com」ウェブサイトなどによる。

高コスト化を助長する都市づくりから脱却するために

住宅の「数」は相当に増えているはずなのに、今、なぜ、住宅が入手困難になっているのか——それは、高額すぎて「手が出ない住宅」と、立地や古さなどから「手を出したくない住宅」は増えているものの、「手が出せる」「手を出したい」住宅の数が増えていないからです。

ここまでの章で述べてきたように、住宅の「入手困難化」「高コスト化」には、単に高額すぎて「手が出ない住宅」が増加しているだけではなく、立地や築年数などの条件が悪く「手を出したい住宅」が少ないこと、マンションの維持管理費は築年数を重ねるほど負担が重くなること、再開発という事業手法自体が高コスト構造であることなど、様々な要因のあることがおわかりいただけたかと思います。

将来、暮らしやすそうな街や住宅はまだまだある！　という明るい未来を実現するためには、高度経済成長期からの「拡大志向」、そして2000年代以降の「民間主導」に頼り切った都市政策を見直すことが必要不可欠です。

これ以上、「変えられない」「更新できない」土地・建物を何の対策もないまま増やし続けてはいけません。それらを時代の変化やニーズに合わせた形で改革しようとすると、とんでもないコストが生じるからです。いまの再開発は「高コスト化を助長する都市づくり」をしているようなものです。こうした都市づくりから転換できなければ、現世代も将来世代も心豊かに生活を送る未来は描けません。

では、「高コスト化を助長する都市づくり」からの転換に向けて、どのような解決方策が考えられるのでしょうか。筆者だけではどうしても解決方策が見いだせない問題もありますが、以下に5つの論点を提示して本書を締めくくりたいと思います。

「アフォーダビリティ」を都市政策の論点に

高コスト化を助長する都市づくりからの転換には、まずは都市政策や住宅政策の中で、一般的な世帯に入手可能な住宅をどう確保していくのかという「アフォーダビリティ」

を主要な論点にすることが必要不可欠となっています。

繰り返しになりますが、「アフォーダビリティ」とは、物やサービスの購入・利用をする際に、その価格がどれだけ手頃であるかを示す概念です。アフォーダビリティの対象には、低所得者だけでなく、中間所得者も含まれており、欧米では都市政策の重要なテーマとして当たり前のように組み込まれています。

例えば、イギリスの多くの自治体は、開発を進める民間事業者に、アフォーダブル住宅の供給（賃貸）を義務付ける規定があります。ロンドン中心部では、10戸以上の住宅開発を行う場合、民間事業者が全住戸の35％（公共用地やその他指定された開発地は50％）をアフォーダブル住宅にするか、あるいは自治体が敷地外にアフォーダブル住宅を整備するための資金（1戸あたり約44万ポンド、日本円で約８８９０万円）[1]を民間事業者が提供するよう義務付けています。[2]

日本においても、デベロッパー等が市街地再開発事業で容積率の割り増し等の優遇措置を受ける場合は、住宅が高級路線一色とならないよう、割り増しされた保留床の一定割合は、若い世帯にも入手可能な価格帯の住宅を供給するよう義務付ける方法も考えられるでしょう。分譲住宅とする場合は、東京五輪の選手村だった晴海フラッグで不動産投資が殺到したのと同じような事態にならないよう、購入後、10年間は転売や賃貸化を規制するといった販売ルールを盛り込むこともちろん必要です。筆者は、都市全体の防災上、重要となる特定緊急避難道路沿道の旧耐震基準のマンションの建替えを促進するために重点的に支援を行い、その際に生み出される余剰床をアフォーダブル住宅として供給するといった、都市政策とアフォーダブル住宅の供給を同時にかなえるような新しい事業手法なども検討に値すると思っています。

また、マンションの物件価格だけでなく、マンションの維持管理コストのアフォーダビリティも重要です。なぜなら、区分所有マンションは、古くなればなるほど修繕積立金が上昇する傾向にあるため、たとえ住宅の価格が安くなったとしても、保有コストが高くなり、結局、入手困難になる可能性もあるからです。

マンションは、「適切に維持管理をしていけば」という条件付きですが、躯体は100年以上使えるとも言われています。すでに区分所有マンションの半数以上が築60年以上と言われるフランスでは、建物や設備の老朽化に伴って管理費や修繕積立金が高騰しているとのことです。[3] アメリカでは、日本に比べて管理費や修繕積立金の額が高く、地震保険への加入が義務化されています。[4] このようにどの国でも、マンションを長い間使い続けるためには継続的な管理が必要で、相応のコストがかかっているのです。

しかし、第4章でもふれたとおり、国土交通省による最新の２０２３年度マンション総合調査[5]によると、長期修繕計画の予定積立残高に対して、現在の修繕積立金の残高が不足していると回答したマンションが36・6％もあることが明らかになっています。この背景には、デベロッパー等が新築当初、修繕積立金を低く設定し、その後、段階的に増額していく段階増額積立方式を採用しているケースが多いという事情もあります。

特に、２０１５年以降にできたマンションでは、段階増額積立方式が81・２％となっています。この方式では、増額する都度、管理組合総会で金額変更の決議が必要となるため、総会で反対する人が多数いる場合には増額できず、その結果、修繕積立金の残高が不足するという状況に陥ってしまいます。なお、長期修繕計画を作成していると回答したマンションは88・４％であることから、長期修繕計画すらつくっていないマンションが一定数あることを考慮すると、今あるマンションの半数以上は、管理費の中から修繕積立金を捻出するか、区分所有者に新たな負担をお願いするしかありません。

こうしたマンションの維持管理コストのアフォーダビリティについては、これまでマンションをつくり続けてきた全ての企業、関係者が、きちんと専門業者としての「解」

を社会に提示し、実践する責務があると思います。そもそも設計段階からの工夫も必要不可欠です。長期にわたって安定的にマンションを維持するための方策は、住宅・建設業界全体で取り組むべき重要な課題と言えるでしょう。

ただし、住宅のアフォーダビリティを確保していくためには、都市計画や住宅に関する政策をいじるだけでは解決できません。働きながら子育てをするためには都心に近い場所に住まなければならないという現状を変えなければなりません。そのためには、働き方改革や子育て支援政策の充実も必要です。公共交通の減便・廃止が相次いでいますが、運転手不足や人口減少社会であっても移動しやすい社会にするための交通政策も重要です。また、国内外からの投資先が住宅ではなく、イノベーションを生み出す分野に向かうような経済政策・金融政策も欠かせません。あらゆる分野が横断的に取り組む必要があります。

過度な「共有化」「区分所有化」の抑制

日本の総人口がおよそ半減する2100年頃[6]、古くなったマンションの多くが高額の維持管理コストに耐え切れず、解体もできずに荒廃した状態で残り続けることが危惧されます。自分たちはもうこの世にいないからと見て見ぬふりをするのではなく、将来世代がこうした街を抱えて苦しまないように、少なくとも都市の拠点では、これ以上、「動かしにくい」「変えられない」区分所有化を助長する形の都市政策から脱却する必要があります。再開発によって建設される商業施設・公共施設・分譲タワーマンションが入った巨大な複合施設は、土地や建物の権利関係が複雑に「共有化」「区分所有化」されてしまいます。このため、将来的にその土地や建物を再整備する際の合意形成の壁がますます高くなり、その場所が「不可逆的」な状態になっています。

神戸市が、２０２３年までに供給された市内の分譲のタワーマンション（53棟）について独自に調査[7]した結果によると、高層階になるほど住民の平均所得が高いこと、所有者が神戸市に住民登録を置く割合が低いことなどが明らかになっています。また、１〜９階の低層階住戸では、所有者が居住する割合は約64％、非居住のうち神戸市民が約19％、神戸市民以外が約11％、法人が約６％で、約６割が実需層の所有者であることがわかりました。一方で、40階以上の高層階の住戸では、所有者が居住する割合は約42％、非居住のうち神戸市民が約24％、神戸市民以外が約23％、法人が約11％で、６割近くが実需層ではない所有者の可能性が高いという状況となっています。

この調査結果をもとに筆者が推計すると、神戸市内のタワーマンション全体では所有者が居住していない住戸の割合は、約38％でした。この所有者が非居住である約38％の住戸の中にも、転売・賃貸といった投資目的、税金対策、セカンドハウス利用など様々な所有目的があるものと考えられます。この結果からも、同じタワーマンション内でも所有者属性や所有目的が大きく異なっているために、今後、築年数が古くなり修繕積立金の増額が必要になるなどの場合に、区分所有者間の合意形成のハードルが高くなることが懸念されます。不動産市場のグローバル化が進む中で、所有者が外資や外国人というケースが増えていく可能性もあり、ますます合意形成が困難になることも予想されます。

都市や住宅に求められるニーズはその時代時代で変わっていくものです。また、災害など突発的な出来事がないとは言えません。そのため、少なくとも都市の拠点については、「可変性」を重視する形で再整備をすすめ、時代の変化やニーズに合わせて、将来、更新できるようにしておくことも、都市政策として非常に重要です。

特に、分譲のタワーマンションは、いったん建つと建替えはほぼ不可能なため、未来永劫、そのまま住宅としてしか使えないまま残り続け、ひいては、都市全体の成長を阻みかねません。新たな開発を取り込むチャンスを喪失してしまうことにつながりかねません。

そのために、国・自治体・デベロッパー・地権者など全ての当事者は、再開発等の事業を行う際に、土地や建物の権利関係が複雑にならないよう工夫することを求められます。また、権利関係が複雑にならないよう創意工夫を凝らした方がメリットを得られるような法整備、都市計画規制の緩和や補助制度の創設、税制金融上の優遇措置の見直しなども必要でしょう。

業者・住人にとっても既存の建物をうまくリノベーションする方が得するような制度を新設できれば、タワマンだらけになる再開発事業を抑制できると思います。

建築物の終末期を視野に入れた政策の原則化

将来の高コスト化を助長しないために、もう一つ重要な論点があります。それは、建築物の終末期の対応コストを、いつ、だれが、どのように負担するのかという点です。

近年、荒廃した空き家、廃墟マンション、廃墟ホテル、廃墟化した大仏……など土地・建物の「終末期」に関わる問題が顕在化しています。そして、こうした廃墟化した建物を解体する行政代執行が行われたというニュースも増えています。

行政代執行による措置は、戸建の空き家だけでなく、マンション・観光ホテル・商業施設・工場・遊園地……といった建築物が、廃業後などに長年放置され続け、地域に相当に危険を及ぼす状態となった場合には検討可能です。しかし、その解体には莫大な費用が必要となり、たとえ国や都道府県から補助が得られるとしても、市町村はかなりの負担を強いられることとなるため、なかなか進まないのが現状です。また、私有財産に対して、税金で対応することについて、モラルハザードが生じているという指摘もあり、対応を躊躇する市町村も多く、解決に非常に長い期間のかかるケースが少なくありません。

例えば、野洲市の廃墟化した区分所有マンション「美和コーポB棟」（1972年築、所有者9名）では、倒壊やアスベスト飛散の危険性があるということで、野洲市による行政代執行で解体されました。この費用は約1・2億円（概算）もかかっています。野洲市から所有者へ、1人あたり約1313万円の費用請求はなされていますが、行方不明の1名には請求を行えない状況となっています[8]。また、全国各地にある国立公園内の国有地でも、廃墟ホテル問題が発生しています。例えば、北海道の層雲峡の「ホテル層雲」や天人峡の「天人峡グランドホテル」「天人閣」が廃業後に廃墟化し、観光客の安全性や景観に大きな影響を与えているとして、3棟合計で約34億円もの解体費を税金で捻出せざるを得ない状況になっています。[9]

特に日本は、土地所有に関して国籍等の規制がなく、土地利用規制も緩いため、外国人や外国資本による土地・建物の取得や開発が旺盛に行われていますが、つくるだけつくり、儲けるだけ儲けて、あとは放置、という事態を防ぐための法整備がなされていません。日本の企業ですら廃墟問題を引き起こしているわけですから、日本国内に本拠地を持たない海外資本の開発が増えた場合、ますます廃墟問題が深刻になる危険性があるかもしれません。このままでは、あまりにも無防備すぎです。

これまでの経済対策に関する議論では、新たな開発が増えることには大きな経済効果があるとされてきました。しかし、都市部の再開発にしろ、観光施設の開発にしろ、開発推進による経済効果の算定には将来の解体費は勘案されていません。また、個々の開発プロジェクトの事業採算上でも、通常、解体費などの終末期対応のコストを盛り込む形で精査されているわけではありません。こうした終末期対応のコストを加味しないままに進められた開発の弊害が、数十年という年月を経て、国土全体で廃墟問題という形で表面化しているのです。

建築・開発「後」の土地・建物の実効性ある維持管理や終末期対応の策を構築することは急務です。事前の予防策として、個々の所有者等が維持管理費や解体費を事前に確保しておく仕組みづくりは早急に検討すべきと考えます。具体的には、解体費が高額となるような一定規模以上の建築・開発行為・不動産取引に対して、例えば、事前徴収(積み立て等)制度や、解体費などをまかなえる新たな保険制度の創設、その加入義務化とともに、それについての税優遇措置等を講じることなどが考えられます。あるいは、開発を行う際の許認可の要件に、解体費相当分の資金を事業者が保有し、保全措置を講じることを盛り込んだり、開発後も定期的に報告する義務を課すといった新しい仕組みづくりも考えられます。そして、こうした取り組みが、不動産取引や投資・融資・株主等に積極的に評価される仕組みづくりも検討してほしいと思います。

「都市再生」から「生活圏の再生」へ

ここ20年の国や自治体の都市政策は、経済対策としての「都市再生」に主眼が置かれ、駅前などの中心エリアの再整備・再開発が、民間主導のもと、多く仕掛けられてきました。

しかし、あまりにも拠点駅周辺の再開発にばかり注力し、かつ、民間に頼りすぎ（丸投げ）で、昨今は自治体が思考停止しているのではないかと危惧するケースも見られるようになっています。駅前などの再開発でタワーマンションがつくられ、地価の上昇や人口増加で税収が増加しても、急激な人口増に対応するための公共投資に追われているところも少なくありません。その結果、市民が住む普通の住宅地の再整備や「質」を高めるといった地味な施策は、なおざりにされてきた面があると感じています。

近年、世界各国の都市政策の中では、「X-minute city」という理念が重視されるようになっています。これは、徒歩X分で生活ができる街にしていこうというもので、Xには、15～30分といった数字が入ります。それぞれの国・地域で適正と考えられる「X分」は異なっています。有名なのは、パリの「15-minute city」です。これは、２０２０年に当選したパリのイダルゴ市長がマニフェストに掲げたもので、パリを徒歩や自転車で15分以内に買い物・仕事・学校などに行ける街にしようというものです。パリ以外にも、アメリカのポートランドやオーストラリアのメルボルンは20分の「20-Minute Neighbourhoods」、シンガポールも20分の「20-Minute Towns」などがあります。要するに、世界各国で、自宅周りの生活圏の重要性を見直し、その「質」を高めていこうという動きが活発化していると捉えることができます。

では日本はどうでしょうか。第5章で述べたように、2030年頃に相続を機に流通する見込みの戸建住宅が大量に控えているという特徴があります。この機会を生かさない手はありません。

特に、前述した「建築物の終末期を視野に入れた政策の原則化」をもとに考えると、高コスト構造の再開発で入手困難な価格の分譲マンションを大量につくり、「共有化」「区分所有化」によって将来、更新するにも多額のコストがかかる空間を増やすよりも、時代の変化やニーズに合わせて戸建住宅地を再生させていく方が、いびつな都市づくりから脱却する方向に向かう可能性があるのではないでしょうか。戸建住宅であれば解体して活用可能な土地に戻すことができます。その時代の需要や社会課題に応じて街を整備できる「可変性」を残しておくことにもつながります。

つまり、これからの都市政策のベクトルは駅周辺をひたすら高く大きく開発する「都市再生」から「生活圏の再生」に力点を置く政策に転換することが重要です。しかし、より職住近接などを求める昨今の共働き世帯などのニーズを考えると、戸建住宅地は、利便性の面から敬遠されるかもしれません。

住宅地の利便性や魅力、資産価値を高めるためのソフト・ハード両面からの取り組みを強化し、生活圏として「質」が高い戸建住宅地へと再整備することが必要です。そうすることによって、子育て世帯にも戸建てに住みたいと思ってもらえるかもしれません。駅前のタワマンと同レベルに交通の便を良くすることは難しいとしても、住宅地の移動のしやすさを確保していくことにもっと力点を置くべきです。例えば、運転手不足で縮小の一途をたどっているバス便やタクシーの代替手段となりうるデマンド交通を導入したり、モビリティハブを駅前や住宅地に整備したりすることが考えられます。

「デマンド交通」とは、従来のバスのように時刻表や決まった運行ルートがなく、予約状況に応じた運行ルートを走る乗合型のバスやタクシーのことです。近年、中山間地域だけではなく、人口密度の高い大都市部や郊外住宅地でも導入が相次いでいます。設定された運行エリア内だけですが、タクシーのように行きたい場所の近くにダイレクトに行くことができ、通勤・通学・買い物・飲食・通院や子供の塾・習い事への移動などで使われています。家族が自家用車で送迎する負担が減ったという声も聞かれます。移動に困難をかかえる高齢者のみならず、現役世代も普段から使える新たな公共交通に発展させていくことが重要です。筆者も実際に福岡市のアイランドシティというニュータウンで運行するAIを活用したデマンドバス「のるーと」を乗車しに行ったのですが、こんな移動しやすい街なら住みたい！　と思いました。

また、自力で移動できる手段を増やす方法としては「モビリティハブ」があります。モビリティハブとは、シェアリング型移動サービス（カーシェアや自転車・電動キックボードなど）を利用するための乗り換えスポットのことです。近年では、東小金井駅から徒歩15分のところにある小田急バスによるhocco（ホッコ）、駒沢大学駅前のENEOSマルチモビリティステーションなど、電気自動車の充電施設、宅配ボックス・カフェ・コミュニティ施設などを併設した交通拠点となるモビリティハブも出現しています。こうした「モビリティハブ」の整備によって、駅前と住宅地の間の移動の利便性向上も期待できるでしょう。

その他にも、住宅地の中で、古びてしまった身近な公園を新たなコミュニティづくりに活用できるようにしたり、廃業したお店が長期間空き店舗のままとならないよう、事業を承継したい人とのマッチング（第三者承継）やリノベーションの支援を行ったりすることで、個性あふれる生活圏へと再生させることができるのではないでしょうか。

高コスト化を助長する都市づくりからの転換には、住居費に対して直接補助する形よりも、住宅地の質を高める取り組みに税金を投入していく方が効果的であり、都市圏全体の居住地のバランスを維持できるものと考えられます。

政策課題に応じたガバナンスの構築

近年、国や自治体などの都市政策・住宅政策・土地政策に関する審議会や委員会に参画させていただく中で、歯がゆい思いをすることが多くなっています。というのは、審議会・委員会で議論される諸課題は、これまで積み残されてきた膨大な「宿題」の集積であり、なおかつ新しい事態に対応しなくてはいけないという、いわば「超難問」ばかりだからです。そのため、審議会・委員会を開催している省庁や担当部署が所管する法制度や業務範囲だけでは、解決ができないケースばかりとなっています。従来の担当部署だけで解決できないのだから、既存の枠組みの中でいくら議論しても実効性ある解は見つかりません。

特に新しい政策課題の場合、それを実際に運用していく市町村の担当課そのものがない、小さな市町村ではマンパワーが全く足りない、といった事態も生じています。このため、国や都道府県がいくら新しい法制度や政策を講じても、また多額の補助金を投じようとしても、各地域は担い手不足で動けない・動かないという問題も顕在化し始めています。

この先、人口減少・高齢化とともに、不動産所有・開発のグローバル化が更に進むことは確実でしょう。こうした中にあって、日本的な性善説に立った現行の法制度だけではあまりにも無防備です。法的根拠のないお願いベースの行政では、到底、太刀打ちできない事態が生じることも懸念されます。すでに外資の開発が旺盛な地域からは、こうした点について危惧する声が聞かれます。

従来の担当部署を飛び越えて、分野横断的に解決しなければいけない「超難問」にどう立ち向かうか。その課題解決のためのガバナンスのあり方にも目を向け、政策課題に応じてガバナンス体制を柔軟に、機動的に構築するような新しい政策づくりの考え方も併せて必要な時代になっているのではないでしょうか。

●注

1　2024年6月22日時点の1ポンド＝202・05円で換算した。

2　北崎朋希「英国におけるアフォーダブル住宅・ワークスペースの展開―計画義務の活用による都市空間のアフォーダビリティの確保」、『都市計画』Ｖｏｌ．72 Ｎｏ．６、日本都市計画学会（２０２３年11月）
3　阿部順子「フランスのマンション管理者制度の実態」、『日本不動産学会誌』第22巻第４号（２００９年４月）
4　峯岸直樹「世界のマンション～アメリカ編」、「マンションみらい価値研究所」ウェブサイト（２０２４年４月）https://www.daiwalifenext.co.jp/miraikachiken/column/240417_column_01
5　国土交通省「令和５年度マンション総合調査」（令和６年６月21日公表）
6　国立社会保障・人口問題研究所「日本の将来推計人口」（令和５年推計）
7　神戸市「タワーマンションと地域社会との関わりのあり方に関する有識者会議」第２回会議資料（２０２４年７月31日）
8　野洲市都市建設部住宅課「区分所有建物の空き家に対する　行政代執行の事例について」（国土交通省での発表資料）
9　読売新聞北海道版「廃ホテル解体来月にも　費用負担　自治体や国」（２０２３年10月26日）、及び北海道建設新聞社ウェブサイト「上川の旧ホテル層雲解体へ　23年度着工、20億円投入」（２０２３年１月27日）

あとがき

２０２５年1月17日、阪神・淡路大震災の発生からちょうど30年という節目を迎えます。人口が密集した大都市直下の未曽有の大地震によって、多くの尊い命が奪われました。そして、多数の住宅・ビルが倒壊・焼失し、道路・鉄道・上下水道・電気・ガス・通信といったライフラインも長期にわたり壊滅的な打撃を受けました。暮らしを支えるシステムは、巨大になればなるほど打たれ弱い。巨大なシステムに頼り過ぎてはいけないことが露呈しました。私自身、あの神戸や淡路島の姿は一生忘れることはないでしょう。

30年前、私は都市計画を学ぶ大学院生でした。震災の前から、ＣＯ－ＰＬＡＮという神戸のまちづくりの会社でアルバイトをさせていただいておりました。その時のまちづくりの現場での貴重な経験が今の私の原点になっています。

このまちづくり会社の当時の代表で、私が師匠として尊敬する故小林郁雄氏は、長年、神戸の復興に尽力されました。こうした経験から、小林氏は「小規模で分散した自律生活圏と多重ネットワーク」を持つ街こそが災害に強いと提唱してこられました。

しかし、昨今の大都市で見られる都市政策は、巨大なシステムに頼り切った過度な大規模化、一極集中化、区分所有化など、こうした教訓に逆行する方向に躊躇なく向かっています。こうした危機感を募らせているのは私だけではないはずです。

ただ、日本は団塊世代の持ち家で大量に相続が発生する見込みがあり、かつてないほど、不動産が大きく動き出す可能性が高まっています。こうした状況をチャンスととらえ、今も、そして将来も、誰もが安全に、そして心豊かに暮らせる街に再構築されるよう、本書を通じて、少しでもこの国の都市政策が良い方向に動く契機になってほしいと心から願うばかりです。

最後に、執筆にあたって、本当に多くの方にお世話になりました。これまで様々な場でご一緒させていただいた市町村・都道府県・国の担当職員の皆様、その他にも数多くの専門家の方々に貴重な情報やアドバイスをいただきました。また、都市問題をテーマにしたNHKの番組への出演に際して記者やディレクターの皆さんと意見交換をさせていただく中で、現場目線で問題の根深さを知ることができ、本書の多くの箇所でヒントにさせていただきました。そして、明治大学政治経済学部の私のゼミ生・卒業生たちは、日々、様々な情報や街の写真の共有、高度なディスカッション、都市政策に関する実態調査を通じて、私だけでは気づくことはなかった視点を提供してくれました。

こうした皆様との出会いがあったからこそ、本書を完成することができました。ここに謹んで感謝の意を表します。

また、中央公論新社の中西恵子氏には、難解な専門分野に走りがちな私を、読者目線に引き戻して下さるなど、常に明るく、かつ的確にアドバイスしていただきました。心よりお礼申し上げます。

野澤千絵　Nozawa Chie

専門は都市政策・住宅政策。
兵庫県生まれ。大阪大学基礎工学部卒業、同大学院工学研究科修士課程修了後、ゼネコンにて開発計画業務等に従事。その後、東京大学大学院工学系研究科都市工学専攻に入学。2002年博士（工学）取得。東京大学先端科学技術研究センター特任助手、東洋大学理工学部建築学科教授等を経て、2020年度より現職。2024年現在、日本都市計画学会理事、公益財団法人 都市計画協会理事。国・自治体の都市政策・住宅政策に関わる多数の委員を務める。主な著書に『老いる家 崩れる街――住宅過剰社会の末路』（講談社現代新書）、共著に『都市計画の構造転換』（鹿島出版会）、『人口減少時代の再開発――「沈む街」と「浮かぶ街」』（NHK 出版新書）などがある。

中公新書ラクレ 828

2030-2040年《ねん》
日本《にほん》の土《と》地《ち》と住宅《じゅうたく》

2024年12月10日初版
2025年 2 月20日 3 版

著者……野澤千絵《のざわちえ》

発行者……安部順一
発行所……中央公論新社
〒100-8152 東京都千代田区大手町 1-7-1
電話……販売 03-5299-1730　編集 03-5299-1870
URL https://www.chuko.co.jp/

本文印刷…三晃印刷　カバー印刷…大熊整美堂　製本…小泉製本

Published by CHUOKORON-SHINSHA, INC.
Printed in Japan　ISBN978-4-12-150828-7　C1233

中公新書ラクレ　好評既刊

ラクレとは…la clef＝フランス語で「鍵」の意味です。
情報が氾濫するいま、時代を読み解き指針を示す
「知識の鍵」を提供します。

L741

東京23区×格差と階級

橋本健二 著

年収1000万円以上の専門・管理職たちと、年収200万円未満の非正規労働者たち。西側ほど高く、東へいくに従い低くなる年収――いつの間にか、23区に住む人々の格差はここまで拡大していた！　23区の1人あたり課税対象所得額の推移、都心3区の平均世帯年収推定値、「下町」の自宅就業者比率などなど……「国勢調査」「住宅・土地統計調査」などのデータをもとに80点もの図表を掲載。23区の空間構造をビジュアル化する。

L746

楽しい孤独
小林一茶はなぜ辞世の句を詠まなかったのか

大谷弘至 著

老《おい》が身の値《ね》ぶみをさるるけさの春　一茶　一人住まいの貧しい老人である自分は価値のない存在としてみられている……一茶は、そんな世間の冷酷な視線ですら面白がり俳句にしてしまいます。本書は、一茶の生涯をたどり、彼が遺した俳句を味わいながら、つらいことばかりが多い人生と向き合い、世間という荒波の中でどのように暮らしていけばよいのか、生きるヒントを探る旅のガイドブックのようなものなのかもしれません。

L750

なぜ人に会うのはつらいのか

――メンタルをすり減らさない38のヒント

斎藤　環＋佐藤　優 著

「会ったほうが、話が早い」のはなぜか。それは、会うことが「暴力」だからだ。人に会うとしんどいのは、予想外の展開があって自分の思い通りにならないからだ。それでも、人は人に会わなければ始まらない。自分ひとりで自分の内面をほじくり返しても「欲望」が維持できず、生きる力がわかないからだ。コロナ禍が明らかにした驚きの人間関係から、しんどい毎日を楽にする38のヒントをメンタルの達人二人が導き出す。

L756

データ分析読解の技術

菅原 琢 著

「データ分析ブーム」がもたらしたのは、怪しい〝分析らしきもの〟と、それに基いた誤解や偏見……。本書では、「問題」「解説」を通して、データ分析の失敗例を紹介しながら、データを正しく読み解くための実践的な視点や方法、また、思考に役立つ基礎的な知識やコツを紹介していく。誤った分析をしてしまわないため、そして騙されないための、基本的・実践的な読解と思考の方法とは――。

L758

「合戦」の日本史

――城攻め、奇襲、兵站、陣形のリアル

本郷和人 著

戦後、日本の歴史学においては、合戦＝軍事の研究が一種のタブーとされてきました。このため、織田信長の桶狭間の奇襲戦法、源義経の一ノ谷の戦いにおける鴨越の逆落としなどは、「盛って」語られるばかりで、学問的に価値のある資料から解き明かされたことはありません。城攻め、奇襲、兵站、陣形……。歴史ファンたちが大好きなテーマですが、本当のところはどうだったのでしょうか。本書ではこうした合戦のリアルに迫ります。

L765

生き物が老いるということ

――死と長寿の進化論

稲垣栄洋 著

イネにとって老いはまさに米を実らせる、もっとも輝きを持つステージである。人間はどうして実りに目をむけず、いつまでも青々としていようとするのか。実は老いは生物が進化の歴史の中で磨いてきた戦略なのだ。次世代へと命をつなぎながら、私たちの体は老いていくのである。人類はけっして強い生物ではないが、助け合い、そして年寄りの知恵を活かすことによって「長生き」を手に入れたのだ。老化という最強戦略の秘密に迫る。

L766

吉村昭の人生作法

――仕事の流儀から最期の選択まで

谷口桂子 著

『戦艦武蔵』『破獄』などの作品で知られる作家・吉村昭は、公私ともに独自のスタイルを貫いた。「一流料亭より縄のれんの小料理屋を好む」が、「取材のためのタクシー代には糸目をつけない」。「執筆以外の雑事は避けたい」一方で、「世話になった遠方の床屋に半日かけて通う」。合理的だが義理人情に厚く、最期の時まで自らの決断にこだわった人生哲学を、日常・仕事・家庭・余暇・人生の五つの場面ごとに、吉村自身の言葉によって浮き彫りにする。

L768

世界の〝巨匠〟の失敗に学べ！ 組織で生き延びる45の秘策

池上　彰＋佐藤　優　著

負け戦のときに必死になるな。合理性なき上司の「ムチャ振り」に付き合うな。友達は大事にしろ。人の悪口に相槌を打つな。結論をズバリ言うな。上司が「これは一般論なんだけどさ」と言い出したら赤信号！　どんな時代にも生き延びる手段はある。田中角栄、トランプ、李登輝、山本七平、乃木希典、オードリー・タン……。世界の〝巨匠〟に学べ。数々の修羅場をくぐり抜けてきた両著者が、組織で生き抜く秘策を余すことなく伝授する。

L773

歩きながら考える

ヤマザキマリ　著

パンデミック下、日本に長期滞在することになった「旅する漫画家」ヤマザキマリ。思いがけなく移動の自由を奪われた日々の中で思索を重ね、様々な気づきや発見があった。「日本らしさ」とは何か？　倫理の異なる集団同士の争いを回避するためには？　そして私たちは、この先行き不透明な世界をどう生きていけば良いのか？　自分の頭で考えるための知恵とユーモアがつまった1冊。たちどまったままではいられない。新たな歩みを始めよう！

L781

ゆるい職場
――若者の不安の知られざる理由

古屋星斗　著

「今の職場、〝ゆるい〟んです」「ここにいても、成長できるのか」。そんな不安をこぼす若者たちがいる。２０１０年代後半から進んだ職場運営法改革により、日本企業の労働環境は「働きやすい」ものへと変わりつつある。しかし一方で、若手社員の離職率はむしろ上がっており、当の若者たちからは、不安の声が聞かれるようになった――。本書では、企業や日本社会が抱えるこの課題と解決策について、データと実例を示しながら解説する。

L784

地図記号のひみつ

今尾恵介　著

学校で習って、誰もが親しんでいる地図記号。だが、実はまだまだ知られていないことも多い。日本で初めての地図記号「温泉」、ナチス・ドイツを連想させるとして「卍」からの変更が検討された「寺院」、高齢化を反映して小中学生から公募した「老人ホーム」……。地図記号からは、明治から令和に至る日本社会の変貌が読み取れるのだ。中学生の頃から地形図に親しんできた地図研究家が、地図記号の奥深い世界を紹介する。

L785

防衛省に告ぐ

——元自衛隊現場トップが明かす防衛行政の失態

香田洋二 著

2020年、イージスアショアをめぐる一連の騒ぎで、防衛省が抱える構造的な欠陥が露呈した。行き当たりばったりの説明。現場を預かる自衛隊との連携の薄さ。危機感と責任感の不足。中国、ロシア、北朝鮮……。日本は今、未曽有の危機の中にある。ついに国防費はGDP比2％に拡充されるが、肝心の防衛行政がこれだけユルいんじゃ、この国は守れない。元・海上自衛隊自衛艦隊司令官（海将）が使命感と危機感で立ち上がった。

L788

人事ガチャの秘密

——配属・異動・昇進のからくり

藤井　薫 著

若手・中堅社員が不満を募らせているように、配属や上司とのめぐりあわせは運任せの「ガチャ」なのか？　その後の異動や昇進は？　人事という名のブラックボックスに調査のメスを入れた結果、各種パターンが浮かび上がった。たとえば「人事権を持たない人事部」「一見問題ないミドルパフォーマーが盲点」等々。人事は何を企図して（企図せず）行われているのか。読者のキャリア形成に役立つ羅針盤を提供する。管理職や人事部も見逃せない一冊。

L789

「将軍」の日本史

本郷和人 著

幕府のトップとして武士を率いる「将軍」。源頼朝や徳川家康のように権威・権力を兼ね備え、強力なリーダーシップを発揮した大物だけではない。この国には、くじ引きで選ばれた将軍、子どもが50人いた「オットセイ将軍」、何もしなかったひ弱な将軍もいたのだ。そもそも将軍は誰が決めるのか、何をするのか。おなじみ本郷教授が、時代ごとに区分けされがちなアカデミズムの壁を乗り越えて日本の権力構造の謎に挑む、オドロキの将軍論。

L790

シニア右翼

——日本の中高年はなぜ右傾化するのか

古谷経衡 著

久しぶりに会った親が右傾的ネット動画の視聴者になり、保守系論壇誌の購読者になっていた。中にはヘイトが昂じて逮捕・裁判に至ることも——。こんな事例があなたの隣りでも⁉　50歳以上の「シニア右翼」の乱心は決して一過性の社会現象ではない。かつて右翼と「同じ釜の飯を食っていた」鬼才が、内側から見た実像を解き明かしながら、日本の戦前・戦後史、そして近年のネット技術の発展が生みだしたこの「鬼っ子」の来歴と病根に迫る。

L796

ウクライナ戦争の嘘

──米露中北の打算・野望・本音

手嶋龍一＋佐藤 優 著

ウクライナに軍事侵攻したロシアは言語道断だが、「民主主義をめぐる正義の戦い」を掲げるウクライナと、米国をはじめとする西側諸国にも看過できない深謀遠慮がある。戦争で利益を得ているのは誰かと詰めれば、米露中北の「嘘」と野望と打算、その本音のすべてが見えてくる。世界は迫りくる核戦争の恐怖を回避できるのか。停戦への道はあるのか。ロシアと米国を知り尽くした両著者がウクライナ戦争をめぐる虚実に迫る。

L809

開業医の正体

──患者、看護師、お金のすべて

松永正訓 著

クリニックはどうやってどう作るの？　お金をどう工面しているの？　収入は？　どんな生活をしているの？　患者と患者家族に思うことは？　上から目線の大学病院にイライラするときとは？　看護師さんに何を求めているの？　診察しながら何を考えているの？　ワケあって開業医になりましたが、開業医って大変です。開業医のリアルと本音を包み隠さず明かします。開業医の正体がわかれば、良い医者を見つける手掛かりになるはずです。

L815

イスラエル戦争の嘘

──第三次世界大戦を回避せよ

手嶋龍一＋佐藤 優 著

パレスチナのガザ地区を支配する武装組織ハマスが、イスラエルに突如牙をむいた。イスラエル軍も圧倒的な戦力で報復し、いまなお死傷者を出し続けている。イスラエルはなぜ「病院」まで標的にするのか。〝インテリジェンスの大家〟が、ハマスとイスラエルの内在的論理に分け入り、イスラエル戦争の実相を解き明かす。ガザから上がった戦火は、米軍の爆撃で中東全域に拡がりつつある。第三次世界大戦の芽を孕みながら止まらない。

L818

没落官僚

──国家公務員志願者がゼロになる日

中野雅至 著

「ブラック霞が関」「忖度」「官邸官僚」「経産省内閣」といった新語が象徴するように、片やスーパーエリート、片や「下請け労働者」という二極化が進む。地道にマジメに働く「ふつうの官僚」が没落しているのだ。90年代～推進された政治主導は成功だったのか？　著者は元労働省キャリアで、公務員制度改革に関わってきた行政学者。実体験をおりまぜながら、「政官関係」「天下り」「東大生の公務員離れ」等の論点から〝嵐〟の改革30年間を総括する。